어 떻 게
광 고 해 야
팔 리 나 요

시장에서 통하는 30가지 광고의 법칙

어떻게 광고해야 팔리나요

초판 1쇄 인쇄 2020년 10월 21일
초판 1쇄 발행 2020년 10월 28일

지은이 김종섭

발행인 백유미 조영석
발행처 (주)라온아시아
주소 서울특별시 서초구 효령로 34길 4, 프린스효령빌딩 5F

등록 2016년 7월 5일 제 2016-000141호
전화 070-7600-8230 **팩스** 070-4754-2473

값 16,000원
ISBN 979-11-90820-83-7 (03320)

※ 라온북은 (주)라온아시아의 퍼스널 브랜드입니다.

라온북은 독자 여러분의 소중한 원고를 기다리고 있습니다. (raonbook@raonasia.co.kr)

어 떻 게
광 고 해 야
팔 리 나 요

김종섭 지음

RAON BOOK

추천사

김종섭 대표님의 광고에서는 항상 '사랑'의 향기가 납니다. '소비자'와 '판매자'의 마음과 마음을 이어주는 광고, 내가 만든 서비스의 초심을 항상 떠올리게 하는 광고, 판매자의 마음도 울리게 하는 광고를 만나보세요.

김태환 | 넥슨 부사장

지금 한국 경제는 위기에 처했다. 기후 위기와 장기 저성장으로 뉴노멀이 시작된 상황에서 코로나 사태까지 발생하니 미래 불안이 더욱 커져간다. 이제부터 지속 가능한 사업을 하려면 유효한 광고와 영업이 핵심이다. 마케팅이 전부다. 이 책에서 저자는 본인이 직접 수행한 실전 사례를 통해 자영업자와 중소기업이 생존하기 위한 커뮤니케이션 핵심을 알려주고 있다. 향후 살아남기 위한 생존 매뉴얼로 소설처럼 읽힌다. 정말 재미있다.

서용구 | 숙명여대 경영전문대학원장

이 책은 크리에이티브의 본질이 사랑과 같은 사람의 마음에 있음을 말한다. 김종섭 소장의 통찰력이 그간의 소중한 경험과 함께 녹아있어 재미있다.

이장우 | 경북대학교 교수, 대구국제뮤지컬페스티벌 이사장

김종섭은 아이디어를 파는 사람이다. 그의 창의적인 발상은 이론이 아니라 경험이다. 그의 눈동자에는 오바마의 고뇌가 녹아 있다. 그렇지만 그는 창작의 고통과 인내를 말하는 대신 신나고 흥겹게 아이디어 세일즈에 몰입한다. 김광석 거리는 '연결'에서 큰 가치를 만들어냈다. 이 책을 통해 그의 기발함에 연결된 당신은 신선한 자극에 벽차오를 행운아다.

배기형 | KBS PD

Creative, Influence와 같은 단어들과 가장 잘 맞는 사람이 있다. 바로 김종섭 소장이다. 이 분은 언제나 창의적인 관점을 찾기 위해 부족한 분야를 끊임없이 연구한다. 또한 그의 광고를 보고 있으면 "이게 광고야!"라는 말밖에 나오지 않는다. 확실히 광고의 흐름을 변화시키는 진정한 인플루언서가 될 자격이 충분하다.

신세원 | 대구 온하우스 COO

위기를 기회로 만들기 원하는가? 이 책은 광고를 통해 창의력을 높일 수 있는 실용서로 우리에게 당장 필요한 내용을 담고 있다. 경험적 사례를 바탕으로 창의적 아이디어를 촉발하고, 문제를 개선하는 데 도움이 되는 실용적인 지혜를 담고 있다.

정인호 | GGL리더십그룹 대표, 《언택트 심리학》 저자

요즘처럼 광고하기 힘든 시대가 또 있을까. 광고의 힘은 약화되고 변화는 무척 빠르기만 하다. 하지만 광고의 본질이 판매에 있다는 것을 다시 생각해보면 새로운 기회를 찾을 수 있을 것이기에 광고의 본질을 꿰뚫어본 이 책에서 판매에 대한 새로운 돌파구를 찾아보길 기대한다.

이구익 | 크리에이티브마스 CCO

빅아이디어연구소의 컬러는 '옐로'다. 번뜩이는 아이디어를 담은 광고는 어디서든 눈에 띄고 항상 긍정적인 태도와 따뜻한 마음이 느껴진다. 사람이 본능적으로 빛을 좋아하고 따라가듯 사람들이 빅아이디어연구소의 광고를 좋아하고 끌리게 되는 이유다. 저자는 광고 현장에서의 치열하고 다양한 경험을 가장 쉽고 간결한 언어로 풀어냈다. 이 책은 어떻게 팔아야 할지 막막한 분들에게 목적지로 갈 수 있는 가장 밝고 행복한 길을 안내해줄 것이다.

이호정 | 《사고 싶은 컬러 팔리는 컬러》 저자

프롤로그

“스님에게 똑딱핀을 팔아볼까요?”

이 질문에 망설여지는 분이 이 책을 읽으시면 좋겠습니다. 왜냐하면 제가 바로 세일즈에 전혀 소질이 없었던 사람이었기 때문입니다. 광고가 좋아 창업을 했지만, 도무지 제 광고를 팔 수 없었습니다. 광고가 팔리지 않으니 브랜드를 파는 방법 역시 알 수 없었습니다. 창업한 그 해 매출이 120만 원이었습니다. 일 매출, 한 달 매출이 아닌 1년 매출이었습니다. 처참한 생활이었습니다. 그러니 나중에는 미치도록 팔고 싶다는 악만 쌓였습니다. 더군다나 제가 창업한 대구에서 팔고자 한 것은 광고 아이디어였습니다. 우리나라에서 가장 보수적인 도시에서 크리에이티브를 파는 것은 무척 어려운 도전이었습니다. 마치 스님을 찾아가 “똑딱핀 하나 사주세요”라고 말하는 꼴이었습니다.

하지만 환경의 힘은 강력했습니다. 팔아야 생존할 수 있는 상황이 되니 팔기 시작했습니다. '내가 무너지면 내 뒤에는 아무도 없다'라는 생각으로 팔았습니다. '팔아야 내일 아침을 볼 수 있다'라는 생각으로 덤볐습니다. 그러니 머릿속에는 세일즈에 대한 고민만 가득했습니다. 온종일 파는 방법만 연구하게 된 것입니다.

사람은 가장 힘든 순간이 되면 그것을 이길 힘을 얻습니다. 우리가 우리 뜻대로 태어난 것이 아니듯 죽는 것도 우리 마음대로 할 수 없습니다. 신은 우리를 그냥 죽게 내버려 두지 않는다는 것을 깨달았습니다.

대구에서 광고회사를 창업하고 고정된 사람들과 싸워갔습니다. 고정된 사람들은 고정된 생각을 가졌습니다. 전 무조건 그들과 반대로 생각했습니다. 저 역시 고정되게 생각하면 팔 수 없기 때문입니다. 무조건 반대로, 무조건 남들과 다르게, 무조건 특이하게 팔자고 생각했습니다. 결과는 놀라웠습니다. 120만 원의 매출은 5억 원이 넘어갔습니다. 철옹성처럼 굳건한 소비자들의 마음의 문을 열기 시작한 것입니다.

남들이 서울로 갈 때 그것조차 반대로 했습니다. 오히려 대구에서 하자고요. 어차피 서울은 광고회사들의 치열한 전쟁 중이었습니다. 그 속에 있는 One of Them 브랜드가 되기는 싫었습니다. 서울 밑에서 제주도까지 경쟁 상대 없이 해보자는 생각이 들더군요(창업한 지 7년이 지난 지금 실제로 그렇게 되었습니다).

이 책을 준비하며 이론을 쓰지 않으려 노력했습니다. 경험을 쓰고자 애썼습니다. 이론은 제가 아니어도 유명한 마케팅 교수님께서 쓰신 책이 많기 때문입니다. 저는 현장을 얘기하고 싶었습니다. 다양한 브랜드를 접했던 얘기, 그리고 그 브랜드를 팔았던 실제 경험들을 쓰고자 했습니다. 현장에서 붕어빵이라도 팔아본 경험이 책 속의 이론보다 훨씬 가치 있으니까요.

"상품을 팔아주는 광고는 무엇이 다를까?"
"브랜드의 가치를 높이는 광고에는 어떤 요소가 있을까?"

이 질문의 답을 저는 네 가지로 압축해 이 책에 담았습니다. 광고가 어떻게 달라야 하는지, 어떤 글을 써야 팔리는지 정리했습니다. 어떤 아이디어가 소비자의 마음을 움직이고 스타트업, 소상공인은 어떻게 광고해야 하는지 소개했습니다. 광고를 만나고, 광고를 만들며, 광고를 세상에 내놓으며 느꼈던 법칙들을 고스란히 담았습니다.

오늘도 당신은 무언가를 파셨을 겁니다. 중소기업은 제품을, 자영업자는 서비스를, 직장인은 자신의 노동력을 팔았을 겁니다. 성공보다는 실패가 더 많았을지도 모르겠습니다. 하지만 실망하지 마세요. 세일즈에서는 실패가 너무 당연한 일이기 때문입니다. 제가 이 책을 쓸 수 있었던 것도 그 실패 덕분입니다. 많은 실패를 통해 지혜를 얻었습니다.

이제 그 이야기를 시작할까 합니다. 저의 경험이 당신의 경험이 되지 않길 바랍니다. 제가 한 경험을 당신이 하지 않았으면 좋겠습니다. 그것이 이 책을 쓰는 이유입니다.

당신이 이 책을 읽고 나서 '더 잘 파는 사람'이 되길 바랍니다. 세일즈를 두려워하지 않고 즐기는 사람이 되길 희망합니다. 그 세일즈로 당신과 당신 가족의 삶이 변화되길 바랍니다.

그럼 제 경험을 구입하실 준비가 되셨나요?

지금부터 팔겠습니다!

광고인 김종섭

서문

나이키가 만들어준 무료 아카데미

가장 힘든 시기에 빌린 크리에이티브의 힘

미국 유학 시절 큰 파도를 만났습니다. 바로 서브프라임 모기지 사태였습니다. 당시 저는 미국에서 다니던 대학을 멈추고 애틀랜타의 작은 광고 스쿨을 다니던 상태였습니다. 수료 후 미국에서 취업할 생각으로 건너간 학교였습니다. 하필 시기가 문제였습니다. 2008년 여름에 입학한 학교에 다니다가 서브프라임 모기지 사태가 터져버린 것입니다.

하루가 다르게 환율이 치솟았습니다. 매일 인터넷에 접속할 때마다 무서웠습니다. '오늘은 또 환율이 얼마나 올랐을까?' 걱정을 안고 확인하면 매일 좌절감에 시달렸습니다. 경제가 나빠지니 외국인이 제일 먼저 해고 대상이 되었습니다. 굳이 그들의 비자 연장을 도와가면서 외국인을 고용할 이유가 없기 때문입니다. 주변의 형, 누나들이 무참히 해고를 당했습니다. 그런데도 저는 해고당하는 형, 누나들이 부러웠습니다. 해고를 당한다는 말은 미국에서 졸업했고 경제 활동을 했다는 말이니까요. 학생의 입장에서 오히려 그들이 너무 부러웠습니다.

900원대였던 환율이 1,500원을 넘어서는 것을 보고 한국으로 돌아가기로 결정을 내렸습니다. 학교 안 레스토랑에서 아르바이트를 하며 용돈 벌이를 했지만, 집의 도움을 받지 않을 수 없었습니다. 유학 생활을 이어가다간 집안이 풍비박산이 날 것 같았습니다. 부모님이 평생 버신 돈을 유학으로 날리는 등골 브레이커가 되고 싶진 않았습니다.

그렇게 한국으로 돌아왔지만, 저를 기다리고 있었던 건 싸늘한 시선이었습니다. 미국에서 성공해 돌아올 줄 알았던 자식이 백수가 되어 왔으니까요. 하지만 그런 시선보다 힘든 것이 소속감이었습니다. 초등학교 입학 이후 난생처음 소속감이 없어지니 몹시 힘들었습니다. 아침에 눈을 뜨면 갈 곳이 없다는 사실이 저를 힘들게 했습니다. 게다가 유학 실패의 원인을 당신 탓이라 여기는 어머니의 모습이 저를 더 비참하게 만들었습니다. 어머니는 부모로서 지원을 제대로 못 해줘서 제가 돌아왔다고 생각하셨습니다.

공원에서 이어간 광고 공부

매일 아침 지하철을 타고 대구 동성로에 있는 228공원으로 갔습니다. 벤치에 앉아 미국 학교에서 배웠던 수업을 혼자 진행했습니다. 보통 한 가지 상품을 정해 광고를 만드는 것이 과제였는데 그것을 스스로에게 내준 거지요. 오늘은 애플, 내일은 나이키, 이렇게 브랜드를 정하고 광고를 만들기 시작했습니다. 그리고 그 브랜드의 홈

● 백수 시절 만든 나이키 광고. 나이키는 이런 허접한 광고에도 제게 친절히 답장을 줬습니다. 그때의 기억으로 광고인의 끈을 놓지 못했던 것 같습니다.

페이지에 들어가 제가 만든 광고를 이메일로 보내기를 반복했습니다. 당연히 답장은 없었습니다. 하지만 친히 답장해서 나이스하게 거절한 브랜드가 있었는데 바로 나이키였습니다. 나이키는 저의 형편없는 광고에 '우리는 함께 일하는 광고 에이전시가 따로 있습니다'라는 친절한 말로 거절했습니다. 태어나 제가 받은 거절 중에 가장 행복한 거절이었습니다. 제가 글로벌 대기업인 나이키로부터 답장을 받다니요. 그 거절의 이메일이 뭐라고 저를 한없이 들뜨게 만들었습니다. 저는 비록 백수이지만 이미 대기업 광고를 만들고 있다는 생각에 도취됐습니다. 이젠 더 이상 부끄러운 백수가 아니라는 생각이 들었습니다. 그리고 그날 밤 광고를 포기하지 말자는 다짐을 하게 되었습니다.

228공원에서의 혹독한 트레이닝은 저를 광고회사 대표로 만들어 주었습니다. 그때의 아이디어와 카피 덕분에 국제 광고제 수상을 하게 되었고 그것이 창업까지 이어졌습니다. 하지만 창업은 역시 녹록치 않았습니다. 특히 대구는 창작품을 돈을 주고 산다는 인식이 너무 없었습니다. 하지만 그중에서 가장 놀랐던 것은 구직 사이트에서 본 지원자에게 전화했을 때였습니다. 분명 대구 지역 대학교 졸업자인데 전화를 하면 이미 서울에 취업해 있었습니다. 왜 그렇게 되었냐는 저의 물음에 그분들은 이렇게 답했습니다.

"대구에서 5년 일한 것보다 서울에서 2년 일한 것을 더 큰 경력으로 쳐주니까요."

충격이었습니다. 서울은 계속 뚱뚱해져 가는데 지역은 바짝 말라가는 꼴이었습니다. 대한민국이 사람이라면 아주 불균형 신체를 가졌을 거라는 생각이 들었습니다. 마치 얼굴은 비대한데 하체는 삐쩍 마른 사람처럼 말이죠. 하지만 서울에서 구직한 사람을 탓할 수도 없습니다. 사람들은 당연히 돈이 도는 곳에 모이기 마련이니까요. 오히려 대구에서 멋진 광고회사를 만들어 두지 않은 선배들이 원망스러웠습니다.

오기로 시작한 무료 아카데미

그때 생각하게 된 것이 무료 광고 아카데미였습니다. 서울에는 광고 아카데미가 많지만 지역에 사는 사람들이 서울까지 가기엔 시간과 비용 소요가 컸습니다. 그래서 만들어보자고 생각했습니다. 백수 시절 나이키에서 받은 거절의 메일에 잠 못 이룬 날을 생각하며, 228공원에서 혼자 광고를 만들던 저를 생각하며 누군가는 꼭 이런 아카데미가 필요하겠다고 생각했습니다.

아카데미 4기를 수료한 한 친구가 있습니다. 대구에서 대학을 마치고 바로 서울에 취업한 친구인데 꿈이 명확했습니다. 광고인이라면 누구나 꿈꾸는 제일기획에 입사하는 것이 그 친구의 꿈이었습니다. 처음에 상경해서 고생도 많이 했습니다. 아주 작은 스타트업부터 시작해서 인터렉티브 회사까지 경력을 쌓았습니다. 그러면서도 제일기획이라는 꿈을 포기하지 않더군요. 그 친구에게 참 고마운 게 이직을 할 때는 꼭 제게 상담을 요청해왔습니다. 물론 제가 반대해도 그 친구는 이미 마음의 결정을 내렸다는 것을 저는 알고 있습니다. 제 말이 귀에 들어오지 않겠지만 그래도 함께 고민해달라는 모습에 감동하곤 했습니다.

그러던 어느 날 다시 전화벨이 울렸습니다. 이번에는 또 어떤 고민인가 싶어 전화를 받았는데 아주 큰 사고를 친 것입니다. "야, 왜! 너 또 그만두려고 그래?"라는 윽박에 그 친구는 "소장님! 저 제일기획에 합격했어요!"라는 멘트를 던졌습니다. 아카데미를 운영하며 BBDO와 같은 글로벌 광고회사에 간 친구는 있었지만, 제일기획은

이 친구가 최초였습니다. 믿기지 않아서 물어봤습니다. 간판이랑 전단지 만드는 제일기획이 아니고 진짜 우리가 아는 제일기획 맞냐고요. 포털사이트에서 제일기획을 검색하면 간판, 전단지 제작업체가 존재합니다. 그래서 장난 아니냐고 계속 물어봤던 거죠. 이 친구가 이직을 고민할 때마다 저도 같이 걱정이 되었는데 소식을 듣고 제 일처럼 기뻤습니다.

이 친구는 자기 꿈을 지독하게 좇았습니다. 그리고 이제는 상황이 역전되었습니다. 서울 출장 때마다 꼭 아카데미 수료생을 한 명씩 만나고 대구로 돌아오는데 그 친구를 만날 때는 이제는 제가 제자가 되어 배우고 내려옵니다. 제가 해보지 못했던 대기업의 직장 생활이나 문화, 업무 방식을 많이 배우려고 합니다.

대가를 바라지 않고 시작했던 무료 아카데미가 제게 너무 큰 대가를 줬습니다. 서울뿐 아니라 대구, 대전, 부산의 광고회사에 취업해 큰 인적 네트워크가 되었습니다. 어디로 출장을 가나 그 지역에서 일하는 수료생들을 만날 수 있게 되었습니다. 그것은 돈으로 환산할 수 없는 어마어마한 가치였습니다. 그리고 그들에게 이제는 제가 배우는 것이 너무 재미있습니다. 그들의 얼굴을 보며 한 가지 깨달은 것이 있습니다.

'광고에는 정답이 없다. 굳이 따지자면 사람이 답이다.'

| 차 례 |

1장 어떻게 달라야 팔리나요?

2장 어떻게 써야 팔리나요?

3장 어떤 아이디어가 팔리나요?

4장 소상공인, 스타트업은 어떻게 광고해야 팔리나요?

1장

어떻게 달라야 팔리나요?

광고 크리에이티브의 법칙

시장에서 통하는 광고는 무엇이 다를까?

물건은 팔고 싶고,
광고는 어렵고

코로나의 시대가 왔습니다. 전에는 반가운 사람을 만나면 안아주곤 했습니다. 그렇게 서로의 체온을 나누며 안부를 확인했었죠. 이제는 몰상식한 행동이 되어버렸습니다. 축 처져 있는 친구에게 힘내라는 의미로 어깨를 두드려주는 응원이 위험한 행동이 되어버렸습니다. 코로나가 우리의 삶을 바꿔버렸습니다.

오프라인 비즈니스는 몰락해버렸습니다. 특히 손님이 가게에 와야 매출이 일어나는 소상공인은 절망적입니다. 국밥을 끓여도 손님이 오지 않습니다. 학생이 와야 하는 학교도, 시민과 소통해야 하는 관공서도, 고객과 긴밀한 접촉이 필요한 중소기업도 마찬가지입니다. 이렇게 우리는 2020년을 살아내고 있습니다.

위기라는 단어가 무섭지 않아 슬픕니다. 너무 자주 듣다보니 단어의 힘이 빠져버렸습니다. 진짜 두려운 것은 위기에 덤덤해져버린 우리의 모습입니다. 태어났으니 살아가고, 죽지 못해 살아가는 모습을 목격합니다. 이렇게 우리는 생업의 전선에서 고군분투하고 있습니다.

'파는 것이 인간이다'는 말이 있습니다. 그런데 우리는 못 팔고 있습니다. 자연스럽게 삶이 피폐해져갑니다. 코로나가 한창이던 2020년 2~3월에는 2019년에 수주한 일로 버티었습니다. 이제 진짜 여파는 2020년 하반기 혹은 2021년에 올 것이라 합니다. 저 역시 광고회사를 운영하는 CEO이다보니 이런 말이 허투루 들리지 않습니다. 그리고 고민해봤습니다. 이런 시기에 내가 할 수 있는 일이 무엇인지, 내가 사람들을 도울 수 있는 방법이 무엇인지 말이죠. 역시 광고 밖에 없었습니다. 파는 것이 인간이라는데 팔 수 없다면 그 자괴감이 얼마나 클까요. 퇴직금을 모두 털어 카페를 차린 부장님, 기업 홍보팀에 입사한 대리님, B2B 비즈니스를 하는 중소기업 대표님. 그들에게 제가 가진 광고 노하우를 전수하고 싶다는 생각이 들었습니다. 언제 망할지 몰라 두려울 때, 광고는 하고 싶은데 방법을 모를 때, 지갑은 얇은데 광고를 꼭 해야 할 때 필요한 책을 쓰고 싶었습니다. 이런 책 한 권이 있으면 위기 속에서 광고 문제는 해결되는 그런 책 말이죠.

예민한 시장에서 살아남는 광고의 특징

광고는 예민합니다. 카피 한 글자 차이로 구매 욕구가 달라집니다. 광고 문구가 의문문인지 명령문인지 따라 매출이 달라집니다. 상품을 너무 자랑해도 구매 욕구가 달아납니다. 겸손하면 제품에 가치가 떨어져 보입니다. 디자인의 선 한 줄 차이로 광고의 세련미과 촌스러움이 결정됩니다. '그럼 도대체 어떻게 광고를 만들란 말이야?'라는 생각이 절로 들지요? 아마 이것이 당신이 이 책을 집어든 이유가 아닐까 싶습니다. 오늘도 광고주는 화려하면서도 소박한, 무거우면서도 가벼운 느낌의 광고를 요구합니다. 10년 가까이 이런 광고주분들을 보며 자연스럽게 공부가 되었습니다. 시장에서 통하는 광고와 그렇지 않은 광고를 말이죠. 과연 어떤 광고가 시장에서 통할까요? 그리고 그들은 어떻게 생겼을까요?

단순하다

우리의 뇌는 복잡한 걸 본능적으로 싫어합니다. 광고에 대한 소비자의 시선도 이에 영향을 받습니다. 광고를 이해하기 위해 미적분을 푸는 미친 사람은 없습니다. 논문을 뒤져가며 광고를 공부하는 사람이 없듯이 말이죠.

광고가 투수이고 소비자가 포수라고 생각해봅시다. 투수가 단 한 개의 공만 던졌을 때, 포수는 받아낼 수 있습니다. 하지만 광고주는 이 사실을 알면서도 지키지 못합니다. 욕심이 앞서기 때문입니다. 우리 브랜드의 타깃이 아닌 모든 사람의 사랑을 받길 원합니다. 옆 집 김 여사도, 앞집의 초등학생한테도 어필하고 싶은 것이죠. 그러니 광고는 복잡해지고 소비자는 메시지를 흡수하지 못합니다.

● 뛰어난 기술력 때문에 주목받았지만 그 이면에는 단순함의 미학이 담겨 있습니다. 복잡한 언어가 없이도 이해되는 단순함으로 외국에서도 화제가 되고 있는 코엑스 광고 스크린입니다.

사람을 안다

상대가 누구인지 알고 그를 이해하려 노력하는 것은 중요합니다. 결국 사람 공부에 능한 광고가 시장에서 통합니다. 광고는 연애와 매우 흡사합니다. 연애를 하면 상대방이 무엇을 원하는지 끊임없이 고민하게 됩니다. 그 사람이 원하는 것, 상대가 좋아하는 것을 계속 찾아다닙니다. 그러면서 비로소 우리는 상대의 마음을 얻게 됩니다. 시장에서 통하는 광고 역시 마찬가지입니다. 우리는 반려견 용품조차 강아지한테 팔지 않습니다. 반려견의 주인인 사람에게 팝니다. 우리의 상대는 로봇도 아니고 외계인도 아닙니다. 오직 사람입니다. 성공한 광고를 만들고 싶다면 사람을 공부해야 합니다.

시선이 새롭다

한 가지 얘기를 주구장창하되 그 방식은 새로워야 합니다. 즉 콘셉트는 변함없어야 강력하고 표현 방식은 변화해야 통합니다. 새롭지 않은 표현 방식은 소비자의 마음을 열지 못합니다. 한때 시험 문제에 출제될 만큼 유행한 광고 카피가 있습니다. '침대는 가구가 아닙니다'라고 외친 에이스 침대의 광고입니다. 공전의 히트를 친 이 카피를 에이스 침대는 계속 사용했습니다. 하지만 지금은 표현법이 조금 바뀌었습니다. '침대는 가구가 아닙니다. 에이스입니다'로 말이죠. 소비자들이 거부감을 느끼지 않을 정도로 아주 조금씩 바꿔간 것입니다.

시대의 흐름을 읽다

광고는 사람을 따라갑니다. 80년대의 광고는 그 시절의 정신과 문화를 담고 있습니다. 2020년인 지금의 광고는 요즘 사람들처럼 생겼습니다. 페이스북, 인스타그램으로 이어진 SNS는 이제 틱톡으로 옮겨졌습니다. 죽은 것보다 살아 있는 것, 멈춰져 있는 것보다 움직이는 것에 열광하는 사람들의 성향 때문입니다. 틱톡에 올라오는 콘텐츠가 정말 좋은 광고가 되었습니다. 대표적인 사례가 가수 지코의 '아무 노래'입니다. 2020년 1월 연합뉴스의 보도에 따르면, 지코의 아무 노래 댄스 챌린지가 틱톡에서 1억 뷰를 넘겼다고 합니다. 댓글

● 대세의 자신감입니다. 광고를 광고가 아닌 것처럼 보게 하는 것이 엄청난 힘입니다. 틱톡이 지금 그것을 해내고 있습니다.

에는 알아볼 수 없는 외국어도 많은 걸보면 시각 언어의 효과가 대단했다고 볼 수 있죠. 하지만 틱톡에서 내세운 광고를 보며 역시 대세의 대단함을 느끼게 됩니다.

광고를 만들지 마세요. 틱톡을 만드세요

이 광고가 한순간에 페이스북과 인스타그램을 초라하게 만들어 버렸습니다. 요즘 페이스북과 인스타그램은 스폰서 광고로 넘쳐납니다. 그런데 틱톡은 자기들의 콘텐츠를 감히 광고 따위에 비교하지 않는다는 광고를 낸 것이죠. 즉 다른 SNS와는 급이 다르다는 것을 자랑하고 있습니다. 시대의 흐름을 읽는다는 것은 정말 무서운 일입니다. 시대가 곧 그때의 사람이고 요즘 사람의 마음을 정확히 읽어낸다는 말이니까요.

사랑이 있다

'Love overcomes everything'이라는 말처럼 사랑은 정말 모든 것을 이깁니다. 마케팅에서도 마찬가지입니다. 소비자들은 날로 똑똑해져가고 있습니다. 내 지갑을 탐하는 것인지 금방 눈치채버립니다. 광고를 만들 때 절대 자신이 소비자보다 똑똑하다고 생각하지 마세요. 광고주는 결코 소비자를 이길 수 없습니다. 그들에게 이길 수 있는 방법은 오직 순전한 사랑입니다. 아무런 계산 없이 소비자를 사랑해야 좋은 광고가 탄생합니다.

이것을 잘 보여주는 사례로 도미노피자가 있습니다. 도미노피자는 특이하게도 길바닥에 난 구멍에 집중했습니다. 피자와 도로의 구멍이 무슨 관계냐고요? 도로의 구멍이 차를 덜컹이게 해 피자가 뭉개지는 경우가 허다했기 때문입니다. 망가진 모양의 피자를 보고 좋아할 고객은 없겠지요. 어떻게 하면 고객의 걱정을 덜까 고민하다 도로 포장까지 생각이 미친 것입니다. 그렇게 도미노피자는 도로의 구멍을 메우기 시작했습니다. 오직 고객에게 제대로 된 피자를 배달한다는 신념으로 말이죠. 이런 캠페인 속에는 고객에 대한 사랑이 담겨 있습니다. 고객의 주머니만 노렸다면 특가 할인이나 1+1 전략이 나왔을 것입니다. 그런 브랜드에게 도로의 구멍 따위는 눈에 들어오지 않습니다. 하지만 그것이 도미노피자에겐 보인 것이죠. 구멍을 메우고 난 후 도미노피자는 고객뿐 아니라 일반 시민들의 마음까지 훔쳤습니다. 자기 동네에 도로 포장을 해준다는 호의를 싫어할 사람이 없기 때문입니다. 이것이 진정한 광고입니다. 어떠한 카피나 이미지로도 감동을 줄 수 없는 진짜 광고입니다.

아이디어를 만나는 생활 습관

재능 없는 사람의 아이디어 발상법

"아이디어는 타고나는 것 아닌가요?"

강의 때마다 듣는 단골 질문입니다. 그 속에는 '나 같은 일반인은 배워도 아이디어를 낼 수 없어'라는 한계가 존재합니다. 자신의 한계를 세워버립니다. 저는 '재능'이라는 단어를 좋아합니다. 영어로 Talent이지요. 또 다른 표현으로는 Gift가 있습니다. 맞습니다. 재능은 신에게 선물 받은 것이라 생각합니다. 엄청나게 강력할 수밖에 없는 것입니다. 흔히들 "타고 났어"라고 얘기하는 재능은 비범합니다. 류현진 선수의 체인지업, 가수 소향의 고음, 김연아 선수의 3단 점프에는 신에게 받은 무언가가 있습니다. 물론 그들의 숱한 노력이 뒷받침했을 것이고요.

저는 재능보다 '묵묵함'이라는 단어를 더 좋아합니다. 묵묵함에는 말이 없습니다. 그저 남이 보든 보지 않든 그것을 계속 하는 것이지요. 조금 다른 표현으로는 습관이라 할 수 있습니다. 지금 내가 연마하고 있는 기술, 지금 내가 공부하는 것들이 습관이 되면 어떨까요? 저는 진작에 제 자신이 특출한 능력을 가진 광고인이 아니란 것을 알아차렸습니다. 왜냐하면 지금도 광고주를 만나면 내색하지 않는 부담이 있으니까요. '내가 과연 이 브랜드를 살릴 수 있을까?'라는 고민이 앞섭니다. 다행히 좋은 아이디어를 만나면 운이 좋았다며 돌아섭니다.

남들에게는 창작의 고통을 느끼지 말라고 조언했습니다. 하지만 제 자신에게는 그렇지 못했습니다. 아이디어를 내는 것이 고통스러웠습니다. 《수학의 정석》을 뒤져서 아이디어의 공식을 찾고 싶었습니다. 그대로 대입하면 아이디어가 뚝딱 떨어지는 공식을 찾고 싶었습니다. 물론 그런 공식은 존재하지 않습니다. 하지만 제가 경험한 아이디어의 세계를 남들에게 전달할 수 있는 있겠다는 생각이 들었습니다. 그것이 제가 이 책을 쓰는 이유입니다.

재능 없음을 이겨내는 방법

자, 그럼 저와 여러분의 출발선이 똑같아졌습니다. 우리는 서로 광고에 특출한 재능이 없다는 걸 인정했습니다. 그럼 이 출발선에서 어떻게 시작할까요? 제가 재능 없음을 이겨낸 방법을 알려드릴게요.

'조금씩 천천히'의 힘을 빌려라

저는 항상 아이디어 자판기가 있으면 좋겠다고 생각했습니다. 자판기를 누르면 제가 원하는 아이디어가 뚝딱 나오는 기계 말이죠. 생각해보니 제가 만들 수 있겠더군요. 바로 하루 열 가지의 카피를 엑셀 파일에 쓰면 그것이 자판기가 됐습니다. 이것이 부담된다면 하루 다섯 가지도 좋습니다.

하루 열 가지의 힘은 엄청났습니다. 일주일 만에 일흔 가지의 카피가 모였습니다. 한 달 후엔 삼백 가지의 카피가 모이더군요. 그때부터는 광고주의 의뢰가 두렵지 않았습니다. 회사로 돌아와 아이디어 자판기를 누르면 제가 찾는 아이디어가 나왔으니까요. 엑셀 파일 속에 미리 적어둔 카피를 꺼내 쓰면 되었습니다. 가장 나쁜 전략이 '많이 빠르게'입니다. 바로 모든 사람들이 하려는 전략입니다. 아이디어를 많이, 빠르게 내고 싶어 합니다. 그렇게 좌절을 합니다. '아, 역시 난 재능이 없어'라고 말이죠. 재능도 중요하지만 묵묵함의 힘이 더 중요합니다. 하루 다섯 가지의 아이디어를 써보세요. 그리고 꼭 저장하세요. 필요한 순간 꺼내 쓸 수 있게 말이죠.

자신을 사랑하라

왜 우리가 아이디어를 내는지 생각해볼까요? 고객에게 사랑받기 위해서입니다. 고객이 우리 브랜드를 사랑해주길 바라기 때문입니다 하지만 그 첫 번째 고객은 당신이 되어야 합니다. 당신이 먼저 당신의 브랜드를 사랑해야 합니다. 그러려면 다시 선행 조건이 있습니다. 당신이 당신을 온전히 사랑해야 하는 것입니다.

저의 경우 광고 의뢰를 받으면 몸에 좋지 않은 것을 멀리합니다. 담배는 피지 않습니다. 탄산음료, 커피, 밀가루 음식과 같은 것도 멀리 합니다. 무엇보다 뱃살을 조심합니다. 책상에 앉아 작업할 때 뱃살이 나오면 뭔가 불편합니다. 몸이 무겁고 움직이기도 싫죠. 그러면 신선한 아이디어가 제 곁에 오지 않더군요. '건강한 몸에 건강한 정신이 깃든다'라는 아주 진부한 말이 있습니다. 진부하지만 말씀드리는 이유는 사실이기 때문입니다. 좋은 아이디어를 만나고 싶다면 몸과 정신을 맑게 하세요. 자신을 혹사시키지 말고 아껴주세요.

자신만의 루틴을 만들어라

이 규칙은 '자신을 사랑해야 한다'라는 것을 지키려다 보니 생긴 습관입니다. 나 자신을 사랑하려고 하니 규칙적인 생활이 필요했습니다. 정해진 시간에 일어나고 잠들어야 몸이 가뿐했습니다. 그렇게 루틴의 선봉자가 되었습니다. 가수 박진영과 이치로 선수와 같은 혹독한 루틴을 지켜내는 사람들을 존경하게 되었습니다. 저의 경우, 하루 7시간 수면을 꼭 지켜려는 편입니다. 7시간을 자지 못하면 그 다음날이 힘듭니다. 뇌는 계속 수면을 요구하고 몸은 계속 처져 있습니다. 하지만 충분한 수면을 취하면 뇌는 굉장히 활성화됩니다. 어제의 힘들고 불편했던 기억이 싹 다 비워져 있습니다. 오늘 다시 태어나는 것처럼 말이죠. 이렇게 기상 시간, 밥 먹는 시간, 쉬는 시간, 일하는 시간, 미팅 시간, 독서 시간의 루틴을 만들어보세요. 하루가 달라집니다. 그렇게 일주일, 한 달, 1년이 달라지는 경험을 하게 됩니다.

어린아이의 눈을 가져라

어린아이에게는 모든 것이 신기합니다. 눈에 보이는 모든 것이 질문거리이지요. '코끼리는 왜 코가 길까?', '나는 왜 엄마 뱃속에 살았나요?' 등등 모든 것이 질문입니다. 그렇게 호기심을 가지다보면 문득 아이디어를 발견하게 됩니다. 하지만 아이디어를 얻는 기회는 어른이 되면서 점점 잃어갑니다. 당연하기 때문입니다. 우리의 삶이 익숙하기 때문에 궁금한 것이 없어집니다. 익숙한 것에서 낯선 아이디어를 찾는 것은 정말 힘듭니다. 그렇게 호기심을 가지지 않는 순간 우리는 노인이 되어 버립니다.

삶의 대한 감사를 느껴라

우리는 우리가 받은 것을 공짜라고 여깁니다. 우리 가슴 속에서 뛰는 심장, 코로 쉬는 숨, 맑은 공기를 선물해주는 산, 지구의 정화 작용을 돕는 4계절 이 모든 것이 공짜라고 여깁니다. 하지만 지금 잠시 책을 덮고 당신의 손을 바라보세요. 감사한 이유 열 가지가 보일 겁니다. 손가락 열 개가 온전히 붙어 있으니까요. 감사하는 마음이 들면 세상을 보는 시선이 달라집니다. 내게 의미 없던 것들의 의미를 다시 생각하게 됩니다. '공짜로 있는 것이 아니구나', '아무 쓸모없이 있는 것이 아니구나'라고 생각하게 됩니다. 그 의미를 곱씹고 깊이 생각하게 됩니다. 그런 과정이 아이디어를 만나는 과정입니다.

모든 것은 사랑으로 연결되어 있다

위에 쓴 다섯 가지의 법칙은 사실 모두 연결되어 있습니다. 바로 사랑이라는 단어로 말이죠. 아이디어를 만나려면 나를 사랑해야 합니다. 나의 브랜드를 사랑해야 합니다. 고객을 사랑해야 합니다. 브랜드에 사랑을 담아야 하고 광고에도 사랑을 담아야 합니다. 그리고 그 마음이 소비자에게 전달되도록 해야 합니다. 만약 사랑이 없다면 어떻게 될까요? 운이 좋아 한 번은 고객의 지갑을 열 수 있을지 모릅니다. 하지만 이제 고객이 너무 스마트한 시대가 왔습니다. 매출을 위해 일하는 기업인지 눈치 챕니다. 세상을 이롭게 하기 위해 일하는 브랜드인지 알아봅니다. 빠르게 하기보단 바르게 삶을 살아보세요. 빠르게 편법을 쓰다보면 꼭 불량품이 탄생하게 됩니다. 시간이 걸리더라도 바르게 가면 좋은 아이디어도 발견하게 됩니다. 아이디어를 만나는 것엔 왕도는 없지만 제가 경험한 바로는 위의 다섯 가지 법칙이 효과적이었습니다. 그리고 세상에는 생각보다 사랑하면 해결되는 일이 많다는 것도 깨닫게 되었습니다.

성을 이야기하라

인간의 본능 이용하기

'우리가 하는 모든 일은 성과 관련되어 있다'

어느 책에서 읽은 문장입니다. 크게 공감 가는 내용입니다. 사람은 사랑으로 태어나고 무언가를 사랑하며 죽어가기 때문입니다. 성은 인간의 본능입니다. 마케팅에서도 마찬가지입니다. 광고에서 성적인 이야기를 하면 사람들은 주목합니다. SNS의 피드를 훑어 보다가도 피부색이 나오면 갑자기 멈춥니다. 사람의 벗은 몸인지 분간하기도 전에 본능적으로 멈춥니다. 이토록 신이 디자인한 인간의 몸은 아름답습니다. 그래서인지 사람들의 시선은 성적인 이미지나 카피에 고정됩니다.

마케터는 이 점을 잘 이용합니다. 수영복이나 속옷 사진이 범람하는 인스타그램의 계정은 팔로우 수가 수십만이 넘습니다. 그들은 순식간에 SNS 인플루언서로 등극합니다. 그리고 PPL이 붙습니다.

언어가 통하지 않는 외국인 계정이어도 상관없습니다. 시각적인 자극에는 언어도 필요가 없습니다.

저 역시 광고를 만들 때 이 점을 활용했습니다. 대구 반월당에 작은 공방이 하나 있습니다. 나무 반지를 직접 만들 수 있어 커플들의 좋은 데이트 코스입니다. 타깃층이 커플이다 보니 크리스마스 시즌이 가장 큰 성수기였습니다. 바로 그때 매출을 극대화할 수 있는 광고가 필요했습니다.

크리스마스만큼은 사람들의 마음도 푸근해지고 어떤 잘못을 해도 왠지 용서될 것 같은 날입니다. 아니나 다를까 직원 중 한 명이 아주 야한 카피를 들고 왔습니다.

진짜 사랑한다면 끼워야 할 것은 콘돔만이 아닙니다

반지를 손가락에 끼우는 것에서 착안한 아이디어였습니다. 공방을 찾는 커플들은 대부분 성인이고 콘돔은 커플들에게 꼭 필요한 것이기 때문에 이 아이디어를 광고주 앞에서 발표하기로 결정했습니다.

광고는 광고주의 영향을 크게 받습니다. 사람이 하는 일이다 보니 돈을 주는 광고주 성향에 맞춰지기 마련이지요. 다행히 공방 사장님은 저희 스타일과 맞는 독특한 분이셨습니다. 식상한 방법이 아닌 뭔가 새로운 방식으로 마케팅을 하고 싶어 하셨습니다. 시안은 빠르게 통과되어 대구 동성로의 모 영화관에 광고를 올리기로 했습니다.

● 콘돔이 나올 것 같은 패키지인데 나무 반지가 나옵니다. 콘돔도 끼우는 것이고 반지도 끼우는 것이라는 데에 착안한 아이디어입니다. 이 광고가 나간 뒤 이 공방은 크리스마스 당일 예약이 마감되고 일 매출 300만 원을 기록했습니다.

하지만 여기서 문제가 생겼습니다. 영화관 측에서 광고 카피가 너무 야해서 올려줄 수 없다는 것이었습니다. 문구를 바꾸지 않으면 돈을 줘도 안 된다는 통보를 받았습니다. 너무 닫혀있는 성에 대한 인식이 안타까웠습니다. 생각의 전환을 강조하는 대기업도 이렇게 보수적이면 우리는 어떻게 마케팅 하느냐고 좌절했습니다. 하지만 불리한 상황을 유리하게 만들어가는 것이 바로 마케팅의 묘미입니다. 저희는 토씨 하나 수정하지 않고 광고를 그대로 SNS에 올렸습니다. 그리고 반지를 실제 콘돔 패키지에 넣어 판매하기 시작했습니다.

SNS에서는 제대로 터졌습니다. 성적인 카피와 이미지에 사람들이 수군거리기 시작했습니다. '공방 광고가 이래도 되나?', '콘돔 광고인 줄 알고 봤는데 뒤통수!'라는 댓글이 달렸습니다. 성적인 이야기가 사람들의 시선을 고정시킨 것입니다.

두 번째 성공은 공방 안에서 터졌습니다. 실제 콘돔 모양으로 디자인한 패키지에 커플들은 웃음을 터트렸습니다. 촉감이 주는 인식 역시 크기 때문입니다. 패키지를 뜯으면 당연히 콘돔이 나와야 하는데 엉뚱한 반지가 나오는 역설도 한몫했습니다. 이 성적인 아이디어 덕분에 크리스마스 당일 예약이 마감되고 매출 300만 원을 기록했습니다.

발기부전 환자들에게도 희망을

두 번째는 성적일 수밖에 없는 곳에서 의뢰가 온 사례입니다. 바

● 성적인 카피에 사람들은 반응했습니다. 이 콘텐츠에 친구를 소환했고 자연스럽게 바이럴이 되었습니다.

로 비뇨기과입니다. 이곳은 한마디로 참 거시기합니다. 어떤 말을 해도 민망하고 야합니다. 그리고 걱정스럽습니다. 혹시나 우리의 광고로 누군가의 마음이 다치지 않을지 조심스럽습니다. 문제는 막상 작업에 들어가면 화끈한 이미지가 나온다는 점이었습니다. 저희에게 의뢰한 비뇨기과는 난제를 주셨습니다. 바로 발기부전에 관한 광고였습니다.

지하철 화장실 소변기 앞에는 종종 이런 카피를 봅니다. '고개 숙인 남자들이여!' 벼는 익었을 때 고개를 숙이지만 남자는 이 병에 걸리면 고개를 숙입니다. 남자로서는 상상하기도 싫은 일입니다. 발기부전에 관한 광고를 도대체 어떻게 해야 할까? 보기만 해도 벌떡 일어날 것 같은 광고를 어떻게 만들까 고민했습니다. 말하지 않아도 상대가 그 마음을 알 수 있다면 최고가 아닐까 생각했습니다.

그렇게 나온 이미지가 바로 가운데 손가락을 치켜든 사진이었습니다. 카피가 없어도 충분했습니다. 미국인이 봐도 일본인이 봐도 이해되는 광고였습니다. 하지만 이 광고는 팔 수 없었습니다. 중지를 치켜든 이미지는 욕을 상징하기도 해서 보는 사람에게 모욕감을 줄 수도 있기 때문입니다. 아무리 의도가 좋더라도 누군가에게 불쾌하다면 광고가 빛을 보기 어렵습니다. 결국 원장님에게 이 광고를 파는 것은 실패했습니다.

전략을 바꿔야 했습니다. 아이러니하게도 우리는 더 화끈한 방법으로 가고자 했습니다. 앞서 공방의 사례처럼 시각에서 그치지 않고 만지도록 하자는 전략이었습니다. 소유할 수 있는 무언가를 만들고자 한 것이죠. 그때 떠오른 것이 스위치였습니다. 남자의 성기 모양처럼 기다란 스위치를 이용해 올리고 내리면 좋은 발기부전 홍보물이 될 것이라 생각했습니다. 홍보물에 사람 모양의 실루엣을 그리고 성기 부분에 스위치를 튀어나오게 했습니다. 그리고 스위치를 올리면 몸에 불이 후끈하고 들어오는 아이디어였습니다. 멀리서 봤을 땐 발기가 된 남자의 몸이 후끈 달아있는 모습처럼 보였던 거죠.

다행히 이 광고에 대한 반감은 없었습니다. 부정적인 내용보다 희망을 말하고 있었기 때문입니다. 환자의 입장에서도 스위치를 올려보며 자신의 모습을 상상할 수 있다고 봤습니다. 발기부전이 완치된 자신의 모습 말이죠. 원장님의 부탁으로 홍보물 증정식 때 병원으로 가게 되었습니다. 홍보물을 받는 첫 환자에게 제가 직접 증정했으면 좋겠다는 요청이었습니다.

광고를 만들 때는 즐겁게 만들었지만 막상 증정식이 되니 불안했습니다. 그렇지 않아도 예민해져 있는 환자들에게 기름을 붓는 건 아닐까 하고요. 그렇게 귀싸대기를 몇 대 맞을 각오를 하고 병원으로 향했습니다. 주먹이 날아올 수도 있다는 생각과는 다르게 환자들은 쿨했습니다. 침대 머리맡에 두면 왠지 완치될 것 같다고 2개를 요구하는 환자도 계셨습니다. 그 모습을 보고 원장님도 비로소 미소를 지으셨습니다. 지금 생각하면 환자가 날릴 귀싸대기를 제가 대신 맞아주길 바라셨던 건지 의심되기도 합니다. 재미있는 홍보물로 그 병원은 발기부전에 관한 확실한 포지셔닝을 정립했습니다. 그렇게 병원은 '발기부전쯤이야 쉽게 고칠 수 있다'라는 생각을 환자들에게 주었습니다.

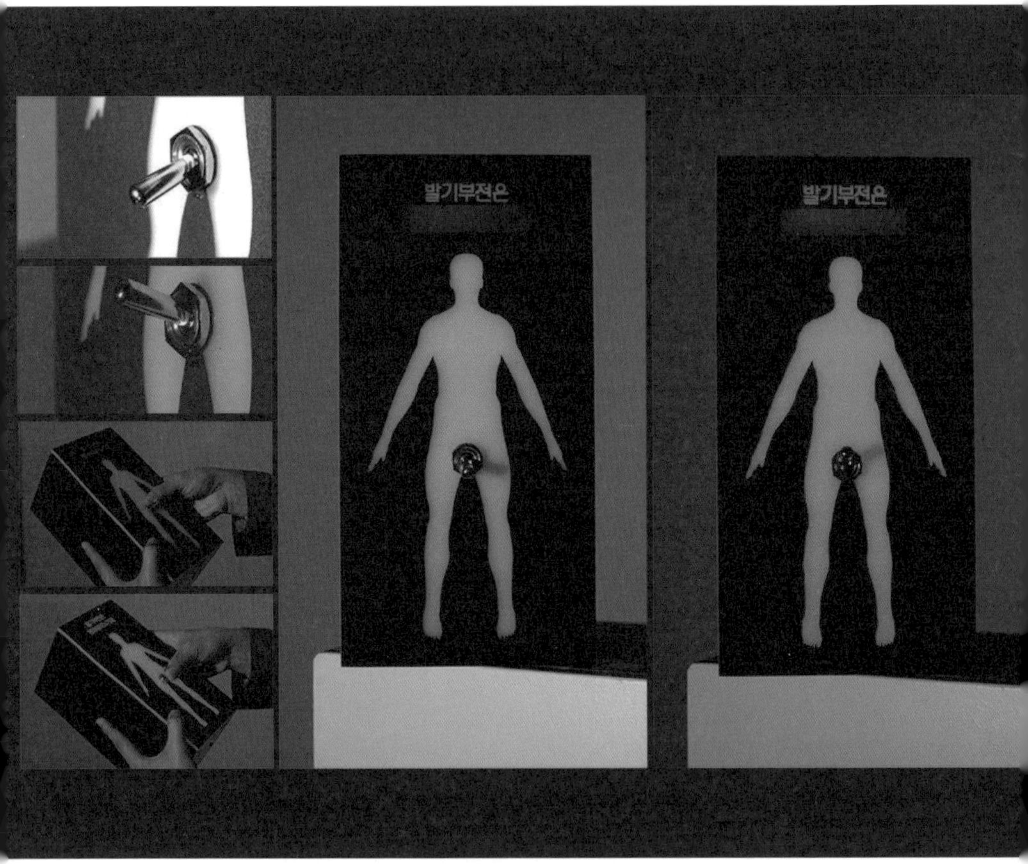

● 발기부전 환자들에게 희망을 주고 싶었습니다. 스위치를 올리면 몸이 후끈 달아오르면서 희망의 메시지를 전달했습니다. 당신도 일어설 수 있다고요.

성적인 이야기는 이렇게 소비자들을 집중시킵니다. SNS상에서 바이럴되기 쉽고 흔히 말하는 노이즈 마케팅의 수단이 되기도 합니다. 하지만 성적인 이야기를 팔려고 할 때 조심해야 할 부분이 있습니다. 바로 수위 조절입니다. 타깃층이 명확하면 괜찮지만 그렇지 않을 때 수위 조절에 예민해야 합니다. 타깃층에서 벗어난 소비자들은 굉장히 예민하게 반응할 수 있기 때문입니다. 그리고 수위 조절에 실패한 광고는 브랜드 이미지에 상처를 줍니다. 사람의 몸과 달리 브랜드의 상처는 쉽게 아물지 않습니다. 브랜드를 이룩하는 데는 수십 년이 걸리지만 내려오는 데는 5분이면 충분하니까요. 사람들이 딱 좋아할 만큼만 보여주고 물러나는 것이 중요합니다. 그다음은 브랜드가 아닌 소비자들의 몫으로 남겨둬야 합니다.

사람과 사람을 연결하라

강력한 이미지로 사람들을 설득시키다

미국 유학 시절의 일입니다. 어느 날 뉴스를 보는데 김정은이 어린이처럼 활짝 웃는 모습이 보도되었습니다. 무슨 일인가 싶어 뉴스에 집중했습니다. 알고 보니 미사일을 성공적으로 발사한 것입니다. 김정은의 미소 속에 굶어 죽어가는 자국민의 모습은 없었습니다. 하필 그 다음 뉴스가 오바마였습니다. 오바마는 심각한 표정으로 참모들과 회의를 하고 있었습니다. 김정은의 한바탕 웃음과 오바마의 심각한 표정이 대조되었습니다. 그러면 안 되지만 왠지 그들의 대조적인 모습에 웃음이 나왔습니다. 기뻐하는 김정은의 모습 바로 다음에 오바마의 심각한 표정이 사실 너무 웃겼거든요. 그러면서 이런 생각이 들었습니다. '지구 모든 인구를 통틀어 저 둘만큼 앙숙이 있을까? 저 둘은 서로 생각만 해도 머리가 지끈지끈 아플 것 같아'

김정은 눈 속의 오바마, 오바마 눈 속의 김정은

바로 거기서 아이디어가 탄생했습니다. 두통약 모델로 이 둘만큼 제격인 모델이 없었던 겁니다. 하지만 서로를 머릿속에 떠올린다는 것을 어떻게 표현할지가 문제였습니다. 오바마 머리 위 말풍선 속에 김정은을 넣어봤습니다. 비주얼이 무척 촌스러웠습니다. 시선이 아래위로 분산되니 임팩트가 덜했습니다. 여러 가지를 시도하다 결국 김정은을 오바마 눈동자에 집어넣었습니다. 그랬더니 임팩트가 살아났습니다. 반대로 김정은의 눈동자 속에는 오바마를 넣어두었습니다. 서로를 응시하는 모습이 서로를 생각한다는 것으로 표현되었습니다. 그 모습을 보고 있자니 머리 깊숙한 곳에서 열이 올라오는 듯했습니다. 이미지만으로도 보는 사람을 머리 아프게 만들었습니다.

어쨌든 비주얼은 대성공이었습니다. 하지만 카피가 문제였습니다. 처음에 쓴 카피는 '생각만 해도 머리가 아픈 적'이었습니다. 그 카피를 넣었더니 이번에도 촌스러워졌습니다. 다시 카피를 짧게도 써보고 길게도 써봤지만 소용없었습니다. 결국엔 카피를 빼고 두통약 로고만 넣는 것으로 결정했습니다. 그때 작업을 하며 깨달은 것이 있습니다. 비주얼이 명확하고 강하다면 말은 필요 없다는 것입니다. 오히려 카피가 사족처럼 느껴졌습니다.

학생 때 작업한 이 아이디어를 미국 광고제에 출품했습니다. 카피 하나 없이 이미지로만 된 광고가 미국 심사위원들한테도 통할지 궁금했거든요. 결과는 동상이었습니다. 'THE CREATIVITY INTERNATIONAL AWARDS'라는 미국에서 43년의 역사가 있는

● 오바마에게 김정은은 얼마나 머리 아픈 존재였을까요? 생각만 해도 두통이 생겼을 것 같습니다. 카피가 없어도 이해되는 시각 언어로 말했습니다. 그 결과 미국 광고제에서 수상 소식이 들려왔습니다.

광고 대회였습니다. 카피로 설명하지 않은 광고를 미국 심사위원들도 알아본 것입니다. 이외에도 이 광고는 부산국제광고제에 파이널리스트에 오르는 등의 성과를 냈습니다. 무엇보다 외국 심사위원들을 설득시켰다는 점이 기뻤습니다.

돌아보면 학생 시절의 이런 과정이 세일즈의 준비 기간이었던 것 같습니다. 학생 때는 광고제 심사위원들이 저의 고객이었으니까요.

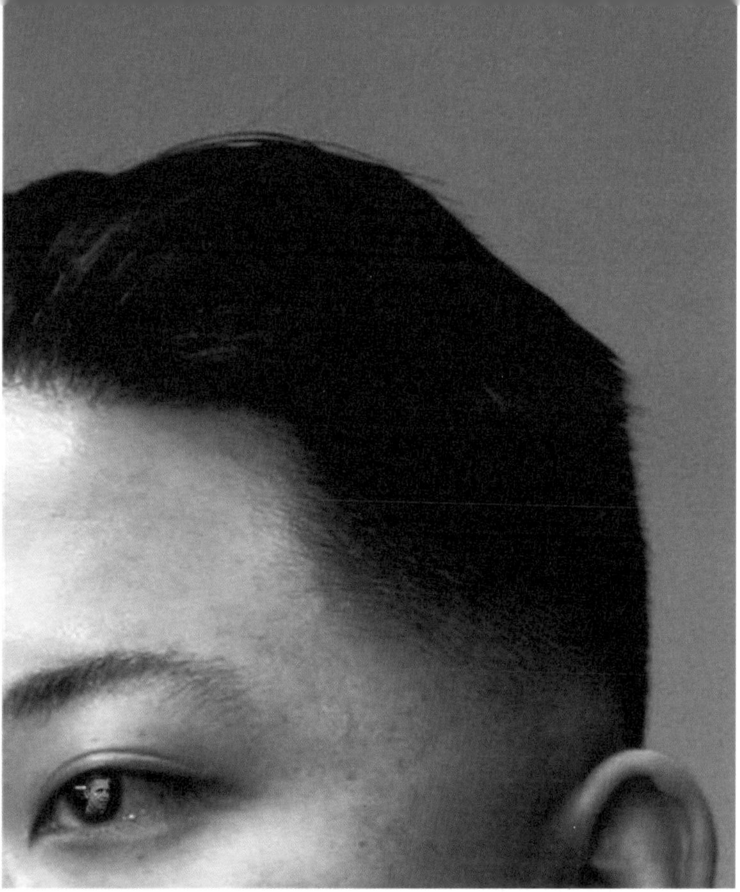

● 김정은 눈 속 오바마. 생각하기만 해도 머리가 지끈 아픈 사람이 있을 것입니다. 세상에 이 두 사람만큼 두통약 광고로 제격인 사람이 없겠다는 생각을 했습니다. 그것이 바로 아이디어가 되었습니다.

매력적인 광고를 만들어 그들을 설득시키고 싶었던 거죠. 광고제를 준비하며 결국 세일즈의 상대는 사람이라는 단순한 진리를 깨닫게 되었습니다. 상을 주는 것도 사람이요, 지갑을 열어 돈을 주는 것도 사람이니 말이죠. 그래서 저는 더욱 사람에게 집착하게 되었습니다. 사람을 웃기거나 감동을 주면 팔 수 있다는 것을 알게 된 이후부터입니다.

노랫말로 만드는 인연과 추억

"김광석 거리를 홍보할 아이디어가 없을까요?"

중구청에서 전화 한 통이 걸려왔습니다. 대구시 중구에는 '김광석 다시 그리기길'이라는 거리가 있습니다. 이 거리를 더 홍보하고 싶다는 중구청의 광고 의뢰였습니다. 의문이 들었습니다. 김광석 거리라면 이미 관광객이 많이 오는 곳이었으니까요. 자세한 내용을 들어보니 중구청에서 원하는 건 단순히 관광객 숫자가 아니었습니다.

"김광석 거리에 오는 분들이 추억을 안고 가셨으면 좋겠습니다." 주무관님의 요청은 정말 매력적이었습니다. 단순히 관람객 숫자에만 집중한 요청이라면 큰 흥미를 느끼지 못했을 겁니다. 공무원의 입에서 '추억'이라는 단어를 들으니 왠지 더 작업해보고 싶어졌습니다.

반대로 큰 부담이 되기도 했습니다. 김광석이라면 너무 유명한 아티스트이고 제가 만든 광고가 그에게 누가 될까 두려웠습니다. 결정적으로 아무리 글을 잘 써도 그보다 잘 쓸 자신이 없었습니다. 왜 사람들이 김광석을 좋아할까? 고인이 된지 20년이 흘러도 그를 잊지 못하는 이유가 무엇인지 궁금했습니다. 저는 그가 쓴 가사 때문이라고 생각했습니다.

조금씩 잊혀져 간다
머물러 있는 사랑인 줄 알았는데
또 하루 멀어져 간다
매일 이별하며 살고 있구나

하루가 지나간다는 것을 매일 이별하는 것으로 표현하다니요. 제가 열 번을 다시 태어나도 따라갈 수 없는 감성이었습니다. 저는 이렇게 김광석의 감성에 무릎을 꿇고 글을 쓰지 않기로 결심했습니다. 아무리 카피를 써도 그보다 더 잘 쓸 자신이 없었으니까요. 대신 그의 주옥같은 노랫말 이용하기로 했습니다. 사람들이 사랑하는 건 그의 노래이니 그것을 십분 활용하기로 한 것입니다.

모든 것이 디지털화된 세상이지만 김광석 거리는 예외여야 합니다. 스마트폰보다 공중전화가, mp3보다는 카세트테이프가 더 잘 어울리는 공간이니까요. 그래서 전 최대한 아날로그적인 아이디어를 구하고자 했습니다. 그때 찾은 단어가 '연결'이었습니다. 어느 주말, 아이디어를 구하고자 찾은 김광석 거리에는 사람들이 점처럼 붐볐습니다. 이 점들을 서로 연결하면 선이 되겠다는 생각이 들었습니다. 그때 김광석의 가사를 이용하자는 기획이 문득 떠올랐습니다. 다음 내용으로 아이디어를 세웠습니다.

1. 김광석의 가사가 적힌 티셔츠를 받는다.
2. 그다음 가사가 적힌 티셔츠를 입은 사람을 찾는다.
3. 안내소에서 문화 상품권을 받는다.
4. 문화상품권으로 김광석 거리에서 사용한다. (ex. 커피, 식사)
5. 친구 혹은 연인이 된다.

사실 5번은 제 바람이었습니다. 이 티셔츠 캠페인을 벌였을 때 빙

문한 김광석 거리의 모습은 정말 웃겼습니다. 거리의 사람들이 전부 상대방의 몸통만 쳐다보고 다녔으니까요. 다음 가사의 사람을 찾았을 때는 마치 이산가족을 상봉한 듯한 모습이 연출되었습니다. 서로 얼싸안고 문화상품권을 받으러 가는 모습에서 쾌감을 느꼈습니다.

타이레놀의 아이디어, 김광석 거리의 아이디어는 둘 다 사람이 중심입니다. 사람과 사람을 연결한 것뿐인데 대박이 났던 거죠. 우리가 행복한 이유도 불행한 이유도 인간관계에서 오는 것이 대부분입니다. 그리고 우리는 그 어떤 시대보다 연결이 쉬운 시대를 살고 있습니다. 옛날에는 '토요일 저녁 7시에 ○○서적 앞에서 만나자'고 하면 그 자리에 있어야 했습니다. 상대가 오지 않아도 어디에 있는지 알 길이 없었습니다. 자신이 국정원이 아닌 이상 알 수가 없었습니다.

디지털은 사람과 사람의 연결을 도왔습니다. 하지만 생각해보세요. 막상 사람들이 만났을 때 무엇을 하는지. 그렇게 만난 사람을 앞에 두고 우리는 스마트폰을 하고 있습니다. 과연 디지털이 사람의 연결을 도왔는지, 더 외롭게 한건 아닌지 의심해볼 필요가 있습니다.

김광석 거리의 티셔츠 아이디어는 굉장히 촌스러웠습니다. 전혀 디지털적인 요소가 없었죠. 그렇지만 그 아이디어로 낯선 사람들이 연결되었습니다. 그리고 추억을 안고 헤어졌습니다. 여기에 앞으로 만들어질 광고의 방향성이 담겨있습니다.

● 김광석의 노래 가사로 이어진 사람들. 이렇게 그들은 김광석 거리에서 추억을 가지고 떠났습니다.

광고와
놀게 하라

광고 장난감
만들기

"영상 볼 때 제발 광고를 더 많이 봤으면!"이라는 분을 보신 적 있나요? 아마 안 계실 겁니다. 광고를 혐오하는 시대에 우리는 살고 있습니다. 우리의 하루를 들여다볼까요? 광고와 피 터지는 사투로 이루어져 있습니다. 아침에 스마트폰을 열자마자 광고가 마구 쏟아집니다. 네이버든 페이스북이든 광고를 피해갈 순 없습니다. 집 밖을 나와 엘리베이터를 타도, 지하철을 타도 광고는 우리를 따라옵니다. 지하철역에서 나오면 혼신의 힘을 다해 전단지를 주는 사람을 피합니다. 유튜브에서 광고가 나올 때 손끝에 온 힘을 집중해 'Skip' 버튼을 누릅니다.

사람들은 왜 이토록 광고를 싫어할까요? 무의식적인 불안감 때문입니다. 사람들은 광고를 볼 때 '또 내 지갑에서 돈을 빼가려고?'라는 생각을 본능적으로 합니다. 설령 본인은 의식하지 못 할지라도요.

'어림도 없지!'라는 생각으로 광고를 피하려고 합니다. 만약 광고를 보는 만큼 연봉이 올라간다거나 주식이 올라간다면 어떨까요? 사람들은 죽어라 광고를 볼 겁니다.

광고회사를 창업하고 이 문제를 숱하게 고민을 했습니다. 이렇게 사람들이 싫어하는 광고를 어떻게 하면 좋아하게 만들 수 있을까? 제가 찾은 답은 '광고와 놀게 하자'였습니다. 우리는 싫어하는 친구에게 절대 시간을 투자하지 않습니다. 1분 1초도 아까워하죠. 그 점에 착안해 '재미있게 놀 수 있는 친구 같은 광고'를 만들고자 했습니다.

어떻게 하면 요가와 놀게 할까?

그러던 차에 한 요가 학원에서 의뢰가 들어왔습니다. 뻔한 요가 광고에서 탈피해 색다른 이미지를 찾는 원장님이셨습니다. "김 소장님, 기발한 방법이 없을까요? 광고는 하고 싶은데 다른 학원은 전부 7킬로그램 책임 감량이라고 하고……. 이런 광고들이 너무 식상하거든요?" 수화기 너머로 사장님의 간절한 목소리가 흘러나왔습니다. 저는 7킬로그램 감량이라는 워딩이 요가를 하고 싶게 만들지 못한다고 생각했습니다. 그것 역시 너무 광고 같으니까요. 마치 자동차 운전면허 학원에서 말하는 합격률 100퍼센트와 같은 워딩이라고 생각했습니다. 정말 광고 같지 않은 광고가 필요했습니다. 요가의 핵심은 활동성이라 생각했습니다. 거칠지 않고 우아한 움직임이 요가의 가장 큰 특징이라고 봤습니다. 광고를 보는 것에 그치지 않고 광고를 가지고 놀게 하자', '사람을 움직이게 만드는 광고를 만들자'라고 기획한 것이죠. 그래서 찾아낸 도구가 바로 슬링키였습니다. 우리가 어렸을 때 가지고 놀았던 그 신기한 장난감, 계단에 떨어뜨리면 아래 칸으로 내려가는 모습이 재미있었던 바로 그 장난감이었습니다.

아이디어는 이렇습니다. 슬링키를 그냥 세워두면 다소 몸집이 있는 사람이 물구나무를 하고 있습니다. 그 슬링키를 움직이면 물구나무한 사람의 몸이 U자를 뒤집어 놓은 형태로 구부러지는 거죠. 그러면서 아주 날씬하고 유연한 모습이 보입니다. 남들이 몸무게 감량, 체지방 감소 등을 말할 때 우리는 실제로 보여주자고 생각했습니다. 피하는 광고가 아닌 만지며 놀 수 있는 광고를 만들었습니다.

이 슬링키 덕분에 요가 학원은 팔리기 시작했습니다. 슬링키를 가지고 놀면서 사람들이 소비자가 되기 시작했습니다. 광고를 만지고 놀면서 자연스럽게 요가에 애착심이 생긴 것입니다. 광고를 좋아하게 만들자 브랜드도 좋아하게 되었습니다. 이후 요가 학원 원장님께 기분 좋은 소식이 들려왔습니다. 처음엔 등록을 주저하는 사람들도 슬링키를 받고서는 등록하게 되었다는 내용이었습니다. 슬링키의 통통한 사람이 날씬해지는 모습을 보며 왠지 자신도 이렇게 될 수 있을 것 같아서 왔다는 후기도 있었습니다. 광고를 만들지 않고자 한 우리의 노력이 통한 것입니다.

슬링키 작업 이후로 우리는 '장난감 광고'에 꽂혔습니다. 놀면서 깨우친 것은 잊어버리지 않는다는 학습법이 광고에도 적용된다는 것을 깨달았습니다. 슬링키 요가 광고로 재미를 봤으니 이번엔 공익

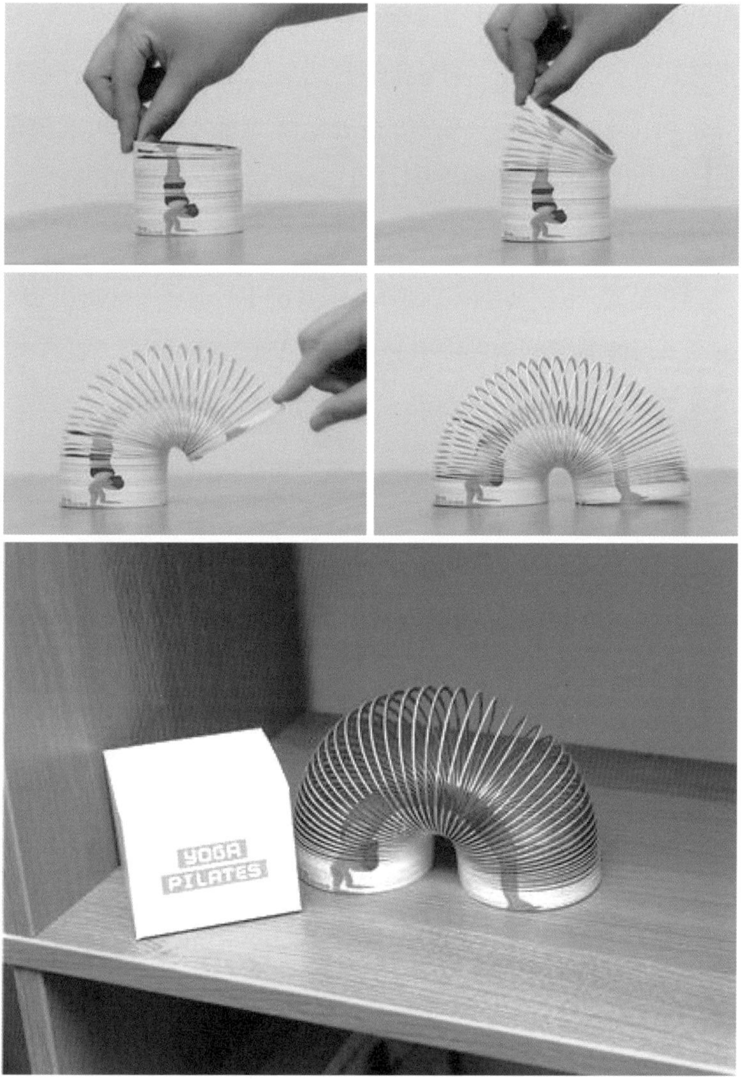

● 요가학원의 홍보물을 슬링키로 제작했습니다. 통통한 사람에서 날씬한 사람으로 변하는 슬링키 장난감입니다. 이 광고를 만지는 사람들이 '나도 이렇게 날씬해질 것이다'라는 달콤한 꿈을 꾸길 바랬습니다. 광고와 놀게 하니 소비자가 되었습니다.

적인 일에도 적용해보고 싶었습니다. 때마침 광복절이 다가오는 시기여서 독도 장난감을 기획했습니다. 독도는 우리나라에서 워낙 민감한 이슈라 자칫 장난감으로 만들었을 때 우려되는 부분이 많았습니다. 기획 의도에 오해의 소지가 조금이라도 있으면 비난받기 쉬운 주제니까요.

그러던 중 한 음식점을 방문하게 되었습니다. 그곳에서는 진행하는 마케팅이 꽤 흥미로웠습니다. 주문하고 음식이 나오기 전까지 섞여진 큐브를 맞추면 음료 서비스를 주는 이벤트였습니다. 보통 주문을 하고 기다리는 시간이 무척 지루하게 느껴지는데 그 집에선 전혀 그렇지 않더군요. 바로 그때 독도 광고를 큐브에 넣으면 재미있겠다는 생각이 들었습니다.

큐브를 보고 떠올린 독도 광고

큐브는 정확성을 요구하는 장난감입니다. 한쪽 면이 완벽하게 맞아도 다른 한쪽이 맞지 않으면 꽝이지요. 즉 한 면이 다른 면에도 영향을 크게 끼치는 도구입니다. 자연스럽게 지도 생각이 났습니다. 독도가 일본의 지도에 있으면 이상하지요? 한국 지도에 있어야 올바르게 보입니다. 그 사실을 큐브를 통해 알리고 싶었습니다. 큐브의 한 면에는 대한민국의 지도가 다른 옆면에는 일본의 지도를 넣었습니다. 독도가 일본 면에 있으면 당연히 어색해 보입니다. 그리고 한국 면에 독도가 없으면 이상하게 보이도록 만든 것이죠. 아이디어가 딱

● 독도가 있는 지도 면이 대한민국으로 와야 맞춰지는 큐브를 제작했습니다. 독도가 제자리에 와야 끝나는 큐브 장난감입니다.

맞아 떨어지는 광고였습니다. 이 아이디어로 우리는 샘플을 제작해 후원사를 찾으러 뛰어다녔습니다. 당시만 해도 언제 망할지 모르는 스타트업이라 공익 광고에는 후원사가 절실했었던 때였습니다. 지금 같으면 펀딩 사이트를 이용해도 좋았을 것 같은데 그 당시에는 안타깝게 후원사가 나타나지 않았습니다. 하지만 저희는 요즘에도 꿈을 꿉니다. 이 독도 큐브를 꼭 만들어서 일본에 선물해주고 싶다는 꿈을 말이죠.

돌이켜 보면 제가 만든 광고 장난감의 시초는 골무였습니다. 저희 어머니는 식당 일을 하셨는데 종종 검지를 다쳐 오셨습니다. 칼로 두꺼운 고기를 썰다 보니 조금만 방심해도 칼날이 손가락을 향했습니다. 그래도 아들이 광고인인데 어머니를 위한 아이디어가 필요했습니다. 고민 끝에 골무를 선물해드리기로 했는데 그냥 주면 광고인이 아니지요. 골무에 아기 손가락 하나를 합성해서 드렸습니다. 자신의 손가락이 아니라 자식의 손가락이면 어머니가 더 조심성 있게 칼을 쓰실 것 같았습니다. 그리고 '당신의 안전이 가족의 안전'이라는 문구를 골무에 새겼습니다.

골무를 끼워드리니 검버섯이 있는 어머니의 손에 작은 아기 손가락이 생겼습니다. 아들의 강력한 메시지가 들어있는 골무라 그런지 정말 어머니의 사고 횟수가 줄었습니다. 급하게 고기를 썰다가도 아기 손가락이 내 자식 손처럼 느껴진 것이죠. 어떻게 아이의 손가락에 칼질을 함부로 할 수 있을까요? 비용을 받지는 않았지만 저는 어머니께 이 아이디어를 판 셈입니다. 나중에 여쭤보니 식당 동료들이 어머니를 아주 부러워했다는 얘기도 들었습니다. 그 골무가 뭐라고 말이죠.

광고 장난감의 힘은 이토록 강했습니다. 혐오하는 광고에서 가지고 노는 광고로 바뀌니 사람들도 소비자로 바뀌었습니다. “제가 당신 돈을 노리고 있으니 지갑 열 준비하세요!”라고 말하는 광고는 사람들이 도망쳐 버립니다. 먼저 친구가 되어야 합니다. 친구가 될 수 있는 광고를 만들어 사람들 손에 쥐어 주세요. 광고를 가지고 놀수록 브랜드 애착심이 생깁니다. 사랑하는 사람이 생겼을 때처럼 행동하세요. 처음부터 사랑을 말하면 상대는 달아나버립니다. 먼저 재미있고 편안한 친구가 되세요. 그러면 사랑도 싹틀 겁니다. 브랜드도 사람과 똑같습니다. 소비자가 나를 피하지 않을 방법을 궁리하세요. 어떻게 우리 브랜드를 가지고 놀게 할까, 우리 브랜드로 인해서 어떻게 소비자를 미소 짓게 할까 고민하세요. 어느새 소비자에게 당신의 브랜드가 생활의 일부분이 되어 있을 겁니다.

소비자를 우리 편으로 만드는 방법

해봤니?
안 해봤으면 말하지 마

저는 자전거를 글로 배웠습니다. '자전거 타는 기술'이라는 책이었습니다. 책에는 왼쪽 손잡이를 먼저 잡으라고 적혀있었습니다. 그리고 오른쪽 손잡이를 잡습니다. 오른쪽 다리를 90도 정도 들어 올린 뒤 엉덩이를 안장에 안착시킵니다. 항문을 안장의 중간에 위치시키고 손잡이를 계란 쥐듯이 잡습니다. 시선은 눈을 곧게 뜨고 전방 7미터 앞을 주시합니다. 오른쪽 발을 오른 페달에 살포시 올립니다. 다리에 서서히 힘을 주며 페달을 밟습니다. 출발과 동시에 왼쪽 발을 왼쪽 페달에 올립니다.

이렇게 자전거 타는 법을 글로 배우고 자전거 앞에 섰습니다. 읽은 대로 자전거 주행을 시도해봤습니다. 근데 이게 웬일인가요? 글에서 배운 대로 자전거가 타지는 게 아닙니까? 그렇게 수영도, 연애도, 비행도 글로 배웠습니다. 자, 여기까지가 저의 거짓말입니다. 글로 배워서는 위의 기술을 한 번에 익힐 수 없습니다. 물론 도움은 되겠지만요.

"한 번 해볼래? 해봐야 알아"

이 말이 정답입니다. 사람은 해봐야 할 수 있습니다. 그리고 해봐야 압니다. 경험하면 이해하고, 기억하고, 잊어버리지 않습니다. 광고도 마찬가지입니다.

오늘도 창업가는 어떻게 하면 소비자를 우리 편으로 만들지 고민합니다. 사무실 밖을 나가면 사람들이 바글바글합니다. 그런데 그 많은 사람들 중 우리 브랜드를 사랑하는 사람은 없는 것 같죠. 소비자에게 다가가고 싶은 마음은 굴뚝같은데 말이죠.

저는 사람들을 광고에 참여시키려 합니다. 참여하면 내 편이라는 인식이 생기니까요. 이 생각은 아르바이트를 통해 깨달았습니다. 학생 시절에 닭갈비집, 편의점, 햄버거 프렌차이즈, 레스토랑, 학원 등 다양한 곳에서 일한 경험이 있습니다. 그러니 눈에 들어오는 것이 달라졌습니다. 햄버거 집에서 일할 때는 타 도시에 가도 그 프렌차이즈 간판이 눈에 먼저 들어왔습니다. 그리고 저 지점은 장사가 잘 되는지 관찰하게 되었습니다. 바로 브랜드에 참여하게 된 것입니다. 편의점, 학원도 마찬가지였습니다. 아르바이트를 그만둔 후에도 그 브랜드에 관한 애착은 사라지지 않았습니다. 제가 참여했었기 때문이죠.

행정안전부에서 걸려온 전화 한 통

세종시라고 했습니다. 낯선 전화의 주인은 행정안전부의 한 사무관님이셨습니다. 머리로는 무서웠고 가슴으로는 기대되었습니다. 교육청, 시청, 경찰청과는 일해봤지만 행정안전부는 처음이었기 때문입니다. 더군다나 저희는 지역에 있는 작은 광고회사였으니까요. 하지만 의뢰 내용을 들어보니 이해가 되었습니다. 사회 문제를 시민들의 아이디어로 해결하는 '도전, 한국'이라는 프로젝트였습니다.

다음은 실제로 미국에서 있었던 사례입니다. 알래스카에서 대형 유조선이 좌초되어 기름 유출 사고가 발생했습니다. 추운 날씨로 인해 기름과 물이 섞여 함께 얼어버리는 현상으로 인해 심각한 환경오염문제가 대두되었습니다. 이를 해결하기 위해 2만 달러 포상금이 도전과제로 제시되었습니다. 결국 시멘트 회사의 평범한 엔지니어가 이 문제를 해결하게 되었습니다. 시멘트를 굳지 않게 하기 위해 레미콘을 돌리듯, 기름도 진동기계를 이용해 지속적으로 자극을 주면 얼지 않고 물과 기름이 분리된 상태가 유지되므로 기름 제거가 가능하다는 아이디어를 낸 것입니다(도전, 한국 홈페이지 발췌).

흥미로운 과제였습니다. 하나의 아이디어가 엄청난 국가 예산을 절약할 수 있기 때문입니다. 딱 저희 스타일의 프로젝트였습니다. 바로 세종시로 출발했습니다. 난생 처음으로 가본 세종시는 외국 같았습니다. 건물은 웅장했고 거리는 인간적이었습니다. 첫 미팅 때 만난 행정안전부 분들도 보통이 아니었습니다. 정확했고 밀도가 높았습니다. 저희 팀은 정신을 바짝 차리고 작업에 들어갔습니다.

대구로 돌아와서는 한 가지 생각만 했습니다. 사람들을 어떻게 참여시키고 어떻게 우리 편으로 만들지 고민했습니다. 그렇게 떠오른 아이디어가 복권이었습니다. 아이디어가 채택되면 상금을 주는 것이 복권과 유사한 프로세스였으니까요. 그 과정에는 미묘한 기대감이 존재합니다. 보이지 않는 것을 긁는 것, 긁으면 상금이 숨어 있을 것 같은 기대감. 그 심리를 통해 사람들을 참여시키고 싶었습니다.

저희가 해결해야 할 과제는 해양쓰레기 문제, 유기견 문제, 노인과 청년이 겪는 디지털 격차 문제였습니다. 특히 저희 팀은 해양쓰레기에 집중했습니다. 인터넷에서 한 번쯤 보셨을 겁니다. 배를 갈라보니 쓰레기가 잔뜩 나온 생선, 플라스틱을 먹고 죽은 새, 페트병에 머리가 끼인 동물 등의 사진을요. 해양쓰레기는 우리 눈에 보이지 않지만 심각한 문제였습니다. 우리 배 속에 쓰레기가 가득하다고 생각해보세요. 하루도 생활할 수 없을 겁니다. 그래서 그것을 있는 그대로 보여주고자 했습니다. 생선에게 모자이크를 해두고 스크래치를 지우도록 말이죠. 먹음직스럽고 탐스러운 생선 이미지를 찾았습니다. 그리고 배를 모자이크로 가려두었습니다. 핸드폰 카메라로 그 생선을 찍으면 QR코드로 넘어갑니다. 그리고 모자이크를 지우면 쓰레기가 가득한 생선의 배속이 보입니다. 그리고 이런 카피가 노출됩니다.

해약쓰레기, 바다 생물만 아프게 할까요?

● 모자이크를 문지르면 가려진 부분이 사라집니다. 그리고 생선이 삼킨 쓰레기가 나옵니다.

우리는 이런 스타일로 반려동물을 버리는 사람, 키오스크 사용을 힘들어하는 노인을 가려두었습니다. 그들을 찾도록 노력하게 만들었습니다. 이렇게 가려진 광고가 거리에 보이기 시작했습니다. 부끄

● 모델 선정에 애를 먹었습니다. 귀엽고 슬픈 강아지가 필요했는데 두 가지 전부 충족하는 이미지를 구하는 게 쉽지 않았습니다. 모자이크를 지우면 강아지를 버린 주인이 나타납니다.

럽게 몸을 가린 생선이 거리에 나타났습니다. 사람들은 의문을 품었습니다. 왜 몸을 가렸는지, 가려진 부분에는 무엇이 있는지 궁금해했습니다. 카메라를 들기 시작했고 그의 몸뚱어리를 찍기 시작했습

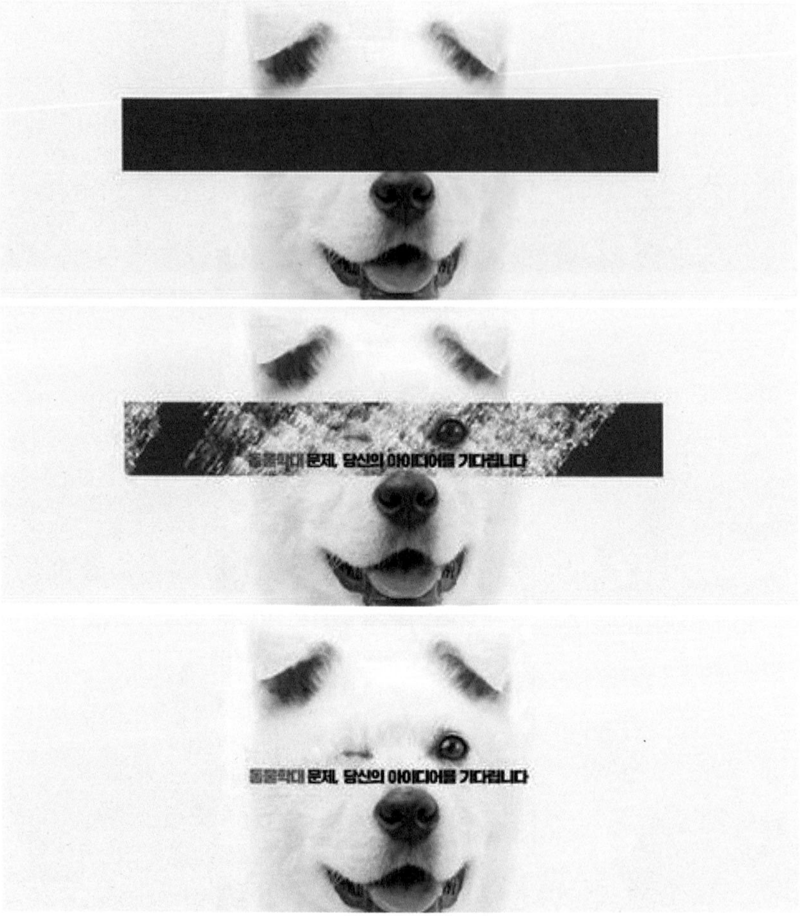

● 영화 〈기생충〉의 포스터처럼 눈이 가려진 귀여운 강아지의 모습입니다. 모자이크를 지우면 학대당한 강아지의 눈이 드러납니다.

니다. 무엇을 감추고 있는지 확인해야 했기 때문입니다. 그렇게 사람들은 쓰레기와 반려동물을 유기하는 사람을 발견했습니다. 비로소 사회 문제와 마주했습니다. 그리고 참여하기 시작했습니다. 특히 아이디어가 반짝이는 학생, 공익적인 마인드가 있는 시민들이 광고에 참여했습니다.

광고는 사람 공부

그 시대의 광고는 그 시대의 사람을 따라갑니다. 우리는 광고 속에서 살아가고 숨 쉬고 있습니다. 참여시키는 광고의 탄생은 광고의 홍수에서 살아남겠다는 몸부림의 결과였습니다. 웬만한 광고에는 더 이상 반응하지 않는 사람들의 본성 깊숙한 곳에는 무엇이 있을지 고민한 보람이 있었습니다.

오늘도 전국의 사장님들은 어떻게 사람들을 자신의 편으로 만들지 고민합니다. 사장님, 부장님, 과장님은 자신들의 브랜드가 매력적이라는 것을 압니다. 잘 알고도 남지요. 그런데 사람들이 몰라주니 속상합니다. 그럴 때는 참여시키세요. 경험하게 하세요. 그래야 사람들은 비로소 그 브랜드와 사랑에 빠집니다. 어떻게 사람들의 발걸음을 참여시킬지 고민하세요. 어떻게 사람들의 손가락을 참여시킬지 고민하세요. 소비자의 눈, 코, 입, 귀를 어떻게 우리 브랜드에 참여시킬지 고민하세요. 몸을 참여시키면 마음도 따라옵니다.

종이 신문이 말을 하네?

광고의 룰 깨뜨리기

태국에서 집행한 광고가 있습니다. 지금까지 본 광고 중에 가장 임팩트가 컸던 광고입니다. 동시에 가장 무서운 광고이기도 합니다. 어린 아이 두 명이 담배를 피우는 어른에게 다가가 말을 겁니다. "아저씨, 담배 피우게 불 좀 빌려주세요" 당황한 어른은 아이를 훈계합니다. 그리고 담배의 안 좋은 점에 관해 설명하기 시작합니다. 담배엔 수만 가지의 독성이 있고 수명을 단축한다고 말이죠. 그 말을 들은 아이는 담배 빌리는 것을 포기합니다. 그리고 사라집니다. 몇 분 후에 다시 찾아온 아이는 흡연자에게 작은 쪽지 하나를 건넵니다. 쪽지에는 이런 글이 적혀 있습니다. 'You worry about me. But why not about yourself?' (당신은 나를 걱정하시네요. 그런데 당신 자신은 왜 걱정하지 않나요?) 이 광고를 봤을 때 큰 충격에 휩싸였습니다.

금연 광고는 전 세계의 광고 중 가장 많은 부분을 차지합니다. 제

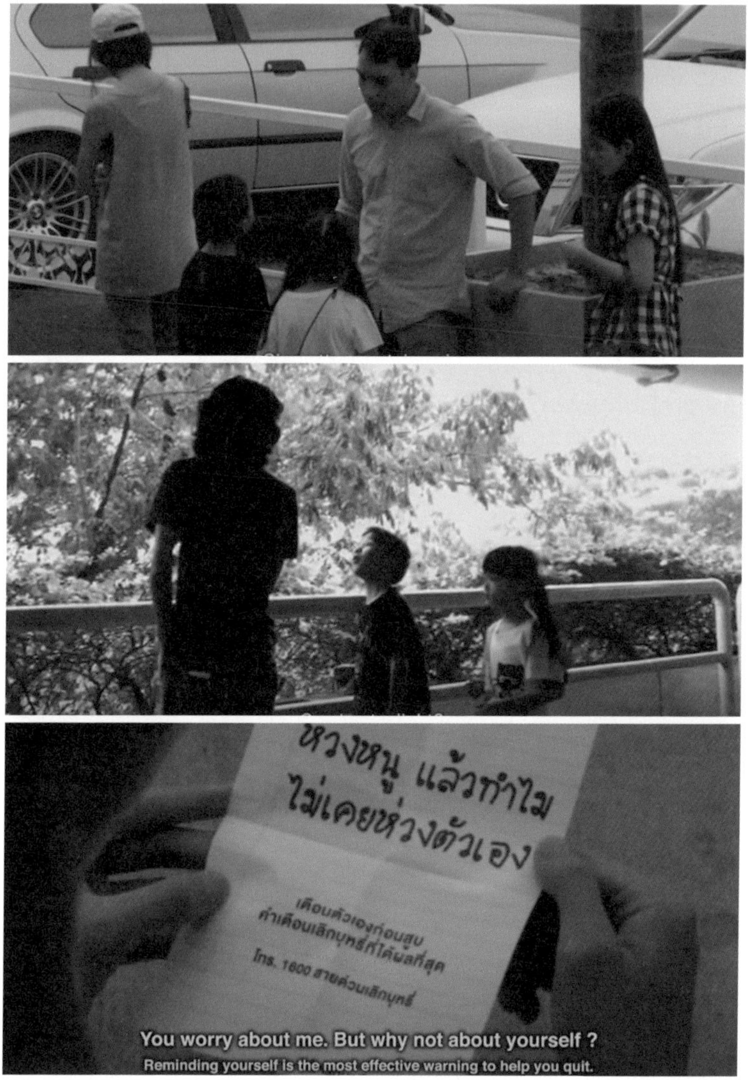

● '불 좀 빌릴 수 있을까요?'라는 부탁에 담배는 독성 성분이 있다고 말하는 어른들의 모습과 '남은 걱정하면서 왜 자신은 걱정하지 않나요?'라며 어른들이 자신을 되돌아보게 만드는 어린아이의 쪽지.

출처: 유튜브 채널 ogilvy

가 가르치는 아카데미 학생들에게도 과제를 내면 가장 많이 만들어 오는 분야가 금연 광고입니다. 그만큼 금연 광고 아이디어는 숱하게 나왔습니다. 그래서 웬만한 아이디어에는 담배를 끊고 싶은 마음이 들지 않습니다. 하지만 어린아이의 말 한마디에 마음이 무너져 내렸습니다. 흡연자도 아닌데 이 광고를 보면 정말 끊고 싶겠다는 생각이 들었을 정도니까요.

충격 받은 마음을 가라앉히고 다른 관점에서 이 광고를 한번 볼까요? 만약 어린아이가 아닌 다른 어른이 가서 이런 얘기를 하면 어떻게 되었을까요? 아마 남이야 담배를 피우든 말든 당신이 무슨 상관이냐며 싸움이 났을지도 모릅니다. 그만큼 어린아이의 말은 무섭습니다. 제가 운전할 때 그것을 뼈저리게 느낀 적이 있습니다. 조금만 과속을 하거나 끼어들기를 했을 때 다섯 살 아들이 이렇게 말한 적이 있습니다. "나도 어른 되면 아빠처럼 운전할 거야" 이 말이 얼마나 무서웠는지 모릅니다. 경찰관에게 걸려 속도위반 딱지를 떼는 것보다 우리 아들의 말이 훨씬 무서웠습니다. 그래서 저도 공익 광고를 만들 때 아이를 자주 등장시키는 편입니다.

신문이 말을 할 수 있다면?

2019년에 매일신문과 함께 일한 적이 있습니다. 지역신문발전위원회의 사업이었는데 매달 한 편의 공익 캠페인을 하는 작업이었습니다. 신문의 지면을 통해서 공익적인 이야기를 할 수 있어서 기뻤습니다. 한 번은 주제가 음주운전이었는데 상당히 힘든 작업이 예상되었습니다. 음주운전도 금연 광고처럼 해외에서 이미 좋은 아이디어들이 쏟아져 나와 있기 때문입니다. 더군다나 당시 매일신문은 종이 신문의 이미지를 탈피하고 싶어 했습니다. 언론 역시 디지털화되면서 소통하는 방식에 대해 끊임없이 고민하던 차였습니다. 음주운전에 관한 얘기도 하면서 동시에 종이 신문의 한계도 뛰어넘어야 하는 상황이었습니다.

저는 광고를 만들 때 경험에서 많이 빌려오는 편입니다. 가장 무서웠던 아들의 말처럼 아이의 목소리를 빌려오고자 했습니다. 하지만 신문에서 어떻게 아이의 목소리를 들려주느냐가 관건이었습니다. 그때 생각난 것이 QR코드였습니다. 동영상을 제작해 QR코드를 통해서 연결한다면 종이 신문이지만 충분히 디지털화된 소통을 할 수 있다고 봤습니다.

그렇게 우리 디자인팀은 바로 작업에 착수했습니다. 차는 사고로 찌그러져 있고 뒷좌석에 딸은 고개를 숙이고 있습니다. 그리고 사고 차량 근처에 이런 카피를 써두었습니다.

부모의 음주운전에 딸은 이렇게 말합니다

사실 QR코드를 활용한 대부분의 광고가 QR코드를 찍지 않고 넘어갑니다. 사람들은 광고에 친절하지 않기 때문입니다. 광고에 자신의 시간을 내어주지 않는 것이지요. 그러므로 호기심을 자극하는 가

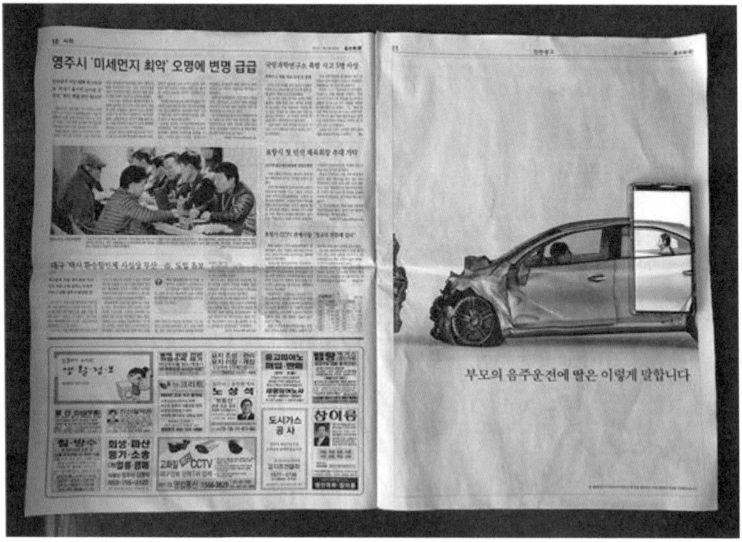

● QR코드를 찍으면 창문이 내려가며 아이의 대사가 시작됩니다. 아이가 어른에게 내뱉는 한마디의 힘은 무섭습니다. 광고를 통해서 종이 신문도 말할 수 있다는 걸 보여주고 싶었습니다. 종이라는 매체가 단점이 아니라 오히려 장점이 될 수 있도록 말이죠.

피가 필요했습니다. 딸이 뭐라고 말할지, 욕을 할지, 울부짖을지 궁금하게 만든 것입니다. QR코드를 찍으면 이런 광고로 넘어갑니다. 닫혀 있던 뒷좌석의 유리창이 내려가며 딸의 말이 시작됩니다.

아빠, 아빠 불러도 대답이 없네요.
아빠가 한 잔은 괜찮다고 했는데 아니네요.
술 한 잔이 이렇게 아빠를 데려가버렸네요.
아빠 전 이제 어떻게 살죠?

아빠를 방금 잃은 두려움에 가득 찬 아이의 목소리를 신문 광고에 담은 셈이죠. 역시 아이의 음성은 힘이 셌습니다. 한 마디 한 마디를 내뱉을 때마다 섬뜩했습니다. 동시에 종이 신문이 가진 커뮤니케이션의 한계를 벗어나고 싶었던 신문사의 니즈도 충족하게 된 것이죠.

미세먼지 문제 역시 마찬가지입니다. 종이신문으로 광고하기엔 매체의 제약이 강했습니다. 이 작업 역시 종이라는 환경적 단점을 넘어서야 했습니다. '종이 신문으로 마스크를 만들어볼까?', '미세먼지를 날리는 부채를 만들까?' 등 정신 나간 생각이 머릿속에 가득했습니다. 공원에 앉아 이 작업의 답을 좇고 있었습니다. 그때였습니다. 어떤 분이 기침을 하는데 나중에는 옆에 있던 신문지로 입을 틀어막는 게 아니겠습니까? 사실 특별한 것이 없는 모습이었습니다. 하지만 미세먼지 가득한 세상에 사는 우리의 진짜 모습이기도 했습니다. 그 모습을 신문 지면에 바로 담고 싶었습니다. 신문 전면에 신문지로 코를 막고 있는 모델을 배치했습니다. 그리고 '대구에 미세먼지를 그대로 둔다면'이라는 카피를 써 그다음을 궁금하게 했습니다. QR코드르 찍어 연결되는 화면에는 모델이 기침을 사정없이 해버립니다. 마치 2549년에 사는 사람이 지구 종말을 앞둔 것처럼 기침을 발사합니다.

미세먼지를 그대로 둔다면
그 피해는 우리가 고스란히 보게 됩니다.
미세먼지 예보와 예방수칙을
정확하게 보도하는 언론이 되겠습니다.

신문지면 광고라 해서 그 틀에만 갇혀 있으면 안 됩니다. 어떻게 하면 그 생각의 틀을 깰 수 있을지 고민하는 것이 작업의 첫 번째 시작입니다. 신문은 그저 종이라고 보는 순간 좋은 아이디어를 기대할 수 없습니다. 사실 작업할 때 만났던 매일신문 기자들이 아이디어에 큰 도움이 되었습니다. 그들이 목말라 보였거든요. 사람들과 더 깊숙하게 대화하고 싶은데 그것이 잘 안돼서 갈증 난 모습들이었습니다. 그도 그럴 것이 이제는 어떤 이슈가 생겼을 때 먼저 페이스북 페이지에 제보하니까요.

기자들은 늘 한발 늦는 형태였습니다. 스피드에서 뒤지니 커뮤니케이션의 깊이에도 목마른 모습이었습니다. 그래서 TV처럼 볼 수 있는 신문을 만들고 싶었습니다. 이 책에서 계속 말씀드린 것처럼 아이디어는 새로운 것이 아닙니다. 기존에 있던 신문이라는 매체를 조

● 종이 신문 밖으로 나와 기침을 하는 남자의 모습. 마케팅에서는 지켜야 할 룰이 없습니다. 딱 한 가지 있다면 항상 규칙을 깨트려야 한다는 것이지요.

금 다르게 활용했을 뿐이죠. 또는 TV와 라디오를 믹스한다든지 신문을 TV와 믹스한다든지 말이죠.

매일신문의 새로운 생각은 이렇게 팔렸습니다. 독자들과 깊숙한 대화를 원하는 신문사의 모습이 전달되었습니다. 이렇듯 마케팅에는 정해진 룰은 없습니다. 딱 하나 있다면, 룰처럼 보이는 것이 있을 때 그것조차 깨트리는 것이 유일한 규칙입니다.

● QR코드를 찍은 후 스마트폰을 올려두세요. 딸의 모습과 음성이 나옵니다.

부모의 음주운전에 딸은 이렇게 말합니다

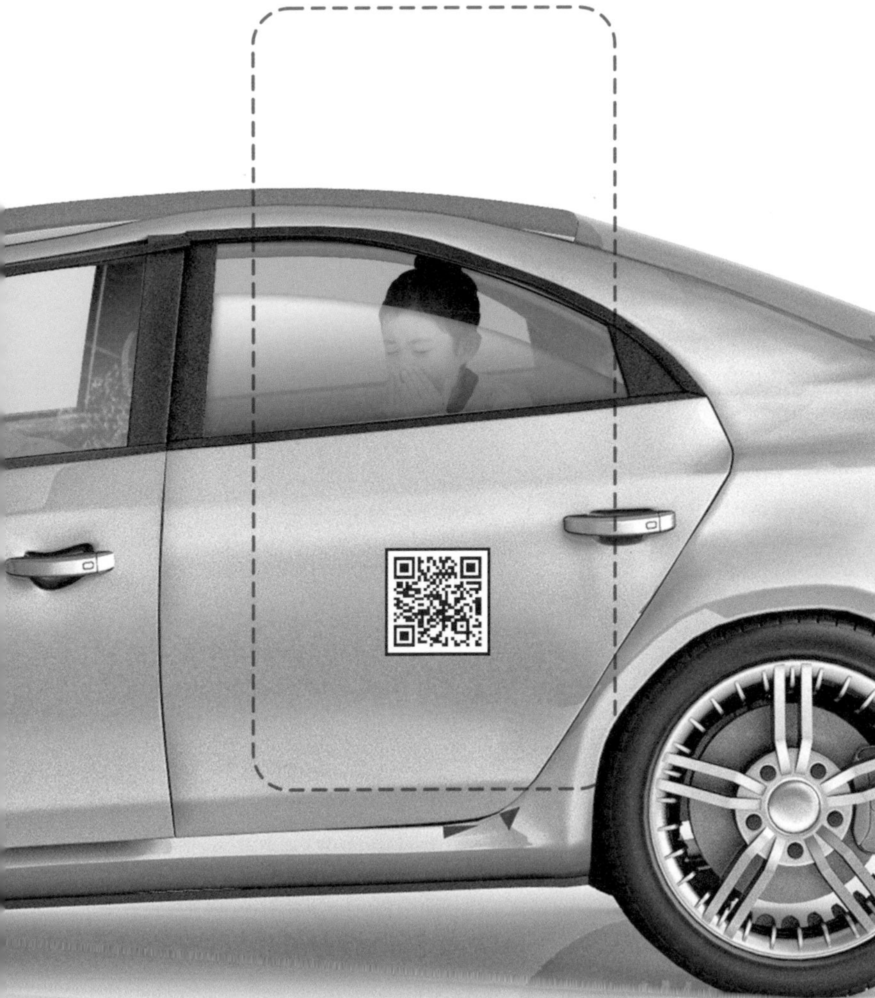

광고 한 번 하지 않은 변호사에게 생긴 일

업의 본질이 먼저, 광고는 그다음

저는 올해로 10년 정도 광고계에서 뒹굴고 있습니다. 그러면서 다양한 사람들을 만났습니다. 그리고 그들 자체가 독특한 브랜드였습니다. 아이러니한 것은 기를 쓰고 광고해도 안 되는 브랜드가 있다는 것입니다. 반대로 광고하지 않아도 눈코 뜰 새 없이 바쁜 브랜드가 있었는데 바로 강수영 변호사님의 경우입니다. 어떤 비법이 있기에 광고하지 않아도 고객들이 몰려드는지 궁금했습니다.

강 변호사님은 대구의 가장 큰 법무법인에 있다가 독립을 하게 되었습니다. 개인 법률사무소를 차리면서 광고에 대한 고민이 시작되었습니다. 법무법인에 있을 때는 소속 변호사였지만, 독립하려니 마케팅이 문제였습니다. 당연히 많은 광고회사에서 영업이 들어왔습니다.

"포털에서 변호사님을 1순위 노출로 만들어 드리겠습니다!"라는 무수한 제안이 쏟아졌습니다. 그들의 말을 들으면 지금 당장 의뢰인이 줄을 설 것 같았습니다. 내일 당장 통장에 돈이 수북하게 쌓일 것 같았습니다. 하지만 강 변호사님이 선택한 마케팅은 사무실 홈페이지 제작이 전부였습니다. 그것도 최소한의 기능만 넣은 정말 최소한의 홈페이지였습니다.

사실 요즘 젊은 변호사들의 홈페이지를 보면 정말 화려합니다. 성형외과 혹은 엔터테인먼트의 홈페이지를 보는 것처럼 찬란합니다. 변호사를 일종의 스타로 보이게 해 의뢰인이 연락하고 싶게끔 만드는 것이죠. 이외에도 키워드 광고, 블로그 광고 등 다양한 마케팅 방식을 활용합니다. 그에 반해 강 변호사님은 의뢰인이 연락할 최소한의 창구만 만든 것이 전부였습니다.

대한변호사협회에 따르면 2019년 12월 16일, 변호사 수가 3만 명을 돌파했다고 합니다. 이 수치는 법률 상담의 문턱을 낮추는 효과가 있지만 분명히 음지도 동반하게 됩니다. 수임료에 눈이 멀어 의뢰인의 인생을 고려하지 않는 고객 유치가 바로 그것이죠. 우선 사무장과 상담을 하게 하고 무조건 이길 수 있다는 식으로 사건을 수임합니다. 계약을 한 후 의뢰인은 변호사와 연락이 잘 안 되어 불안해합니다. 변호사는 사무장에게 들은 내용으로 재판장에 나가는 일도 있습니다. 단기적으로는 이렇게 해야 더 많은 사건을 수임할 수 있기 때문입니다. 변호사가 의뢰인의 고민을 하나하나 다 들어주다가는 다른 사건을 놓치게 됩니다. 포털사이트에서 검색했을 때 첫 번째로 노출되는 사무실 역시 마찬가지입니다. 사실 돈만 많이 주면 일곱 번째로 노출된 브랜드가 첫 번째로 올라갈 수 있습니다. 당연히 의뢰인은 많아지고 변호사는 많은 사건을 수임하게 됩니다. 그렇다면 광고 한 번 하지 않은 강 변호사님은 어떤 전략을 펼쳤기에 성공했을까요?

강력한 한 수, 강수영 변호사

그저 기본에 충실하기

개소 초반 소수이지만 찾아와주시는 분들에게 최대한의 만족을 드리고자 했습니다. 의뢰인과 직접 상담을 하며 증거 확보, 심리 상태까지 챙겼습니다. 사실 법률 분쟁으로 고통 받는 의뢰인들은 심리적으로 상당한 압박감을 받습니다. 그때 변호사와 통화가 잘 안 된다든지 사무장하고만 일을 진행한다면 더욱 초조해집니다. 강 변호사님은 의뢰인 한 명 한 명과 일일이 소통해가며 만족도를 높였습니다. 기본에 충실한 전략은 강력했습니다. 이 정도 변호사라면 내 지인에게 소개해주고 싶다는 사람들이 늘어났습니다. 특히 비즈니스 간의 분쟁이 많은 사업가에게 소개 후 기업 고문 변호사로서 일하는 경우가 늘어났습니다. 사람의 입이 가장 무섭다는 말이 있지요? 마케팅에서도 마찬가지입니다. 그 브랜드가 참 별로라는 소문도 무섭지만 '그 사람 참 잘해'라는 말도 무섭습니다. 그래서 지인에게 받는 혹은 해주는 추천이 정말 힘이 센 것이죠.

탐구심 잃지 않기

강 변호사님은 일을 반드시 해야 하는 대상으로 보지 않고 탐구의 개념으로 봤습니다. '왜 이런 사건이 벌어지게 되었을까?', '상대편의 머릿속은 어떤 구조로 되어 있을까?' 사건의 패턴을 의사처럼 해부하고 관찰해갔습니다. 마치 추리소설 속에 자신이 들어와 있는 것처럼 상상하고 행동했습니다. 일이 아니라 탐구의 과정이라 생각하니 사건을 대하는 자세가 달랐습니다. 노동이 아니라 본인의 호기심을 해소해가는 과정이었기 때문입니다. 그러니 늦은 시간에도 의뢰인에게 전화해 물어보기도 했습니다. 그러면 의뢰인은 '나의 변호사가 이렇게 늦은 시간까지 나를 걱정하고 있는구나!'라는 인상을 받습니다. 이것이 정말 좋은 광고입니다. 달콤한 카피없이도 그 브랜드를 좋아하게 만드니까요. 이렇게 변호사와 의뢰인이 완전히 소통하니 이런 고객도 생겨났습니다. '설령 이 재판에서 져도 괜찮겠다. 변호사가 이 정도로 최선을 다해줬는데 이 이상의 결과는 없을 것 같다'라고 말이죠.

고객이 자신이라고 생각하기

식당에서 내놓은 음식이 상했을 때 우리는 이렇게 생각합니다. '내가 가족이라면 이런 음식을 내놓았을까?' 병원에서는 환자들이 "당신 가족이라면 이렇게 수술하셨을 건가요?"라고 컴플레인을 하기도 하죠. 나의 문제, 내 가족의 문제라고 생각하면 태도가 달라집니다. 더 깊숙하게 그 문제를 바라보게 됩니다. 그는 저 사람이 재판에서 지는 건 내가 지는 것이라는 생각으로 사건에 임했습니다. 이러한 태도가 브랜드 충성도를 불러왔습니다.

집요함을 놓지 않기

이 집요함이 프로와 아마추어의 차이라고 생각합니다. 다른 말로 '디테일'이라고도 합니다. 집요함이 있어야 이깁니다. 큰 틀에서 변호사에게는 분명 이기는 재판인데 사소한 증거 차이로 결과가 뒤집히니까요. 강 변호사님에게 눈 떠 있는 시간은 사건을 쫓는 시간이었습니다. 뇌가 움직이는 시간은 늘 사건에 집착했습니다. 투입하는 시간이 많으니 사건 해결 가능성도 높아졌습니다. 이런 부분은 광고인 역시 마찬가지입니다. 금요일 저녁 지인들과의 회식 자리에서도 아이디어를 생각하는 광고인이 있습니다. 눈은 상대방 얼굴을 보고 있지만, 머리로는 아이디어만 떠오를 때가 있습니다. 혹은 상대방이 뱉은 말을 가공해 아이디어와 어떻게 연결할까 생각할 때도 있습니다. 강 변호사 역시 마찬가지였습니다. 의뢰인의 말 속에서도 집요하게 아이디어를 구했습니다. 그렇게 자신이 사건이 되고, 사건이 자신이 되다보니 문제는 저절로 해결되었습니다. 의뢰인의 만족은 저절로 따라왔습니다.

본질에 먼저 충실하라, 광고는 그다음 문제다

위에 나열한 네 가지 법칙은 지극히 심심합니다. 마치 건강한 비결이 뭐냐는 질문에 "운동하고 술·담배를 하지 않습니다"와 같은 대

● 고객이 연락할 수 있는 홈페이지 하나를 만들어둔 것이 전부인 법률사무소. 본질에 집중을 하니 광고 없이도 사무실이 붐비기 시작했습니다.

답입니다. 그걸 모르는 사람은 없을 겁니다. 행하기가 어려운 것이죠. 그래서 우리는 늘 기본을 힘들어합니다. 만약 강 변호사님이 열심히 광고했다면 어떻게 됐을까요? 포털에서 검색했을 때 가장 먼저 나오고 블로그 대행업체에 일을 맡겼다면 어떻게 됐을까요? 블로그에는 영혼 없는 광고성 글이 올라왔을 것입니다. 그리고 다른 법무법인과 차별성이 없는 One of Them 브랜드가 됐겠죠. 단기적으로는 많은 수임을 해서 더 큰 돈을 벌었을 수도 있습니다. 하지만 그렇게 찾아온 의뢰인들이 과연 만족하고 떠날까요? 그렇지 않습니다. 한 번은 의뢰하되 다시는 맡기고 싶지 않은 변호사가 됐을 겁니다.

진짜 맛집은 새로운 고객을 유치하는 곳이 아닙니다. 지난주에 왔었던, 지난달에 왔었던 손님이 다시 찾는 집이 진짜 맛집입니다. 팔리는 브랜드가 되고 싶다면 광고보다 기본에 충실하세요. 업의 본질에 충실하세요. 업의 본질이 먼저이고 광고는 그다음입니다.

웃기면 팔린다

웃기는 사람의 프로포즈를 거절하는 사람은 없다

병원 광고를 보면 한숨이 나옵니다. 병이 낫는 것이 아니라 없던 병도 생길 것 같습니다. 병원 광고의 부끄러움은 온전히 보는 사람의 몫입니다. 실제로 병원은 가장 광고를 못 하는 비즈니스 영역입니다. 아이러니합니다. 사람들과 가장 소통을 잘해야 하는 곳이 병원인데 말이죠. 문제는 권위 의식입니다. 의사들의 마음 한편에는 알게 모르게 권위적인 마음이 자리 잡고 있습니다. 학창 시절 1등만 했었던 경험 그리고 의과대학을 다니며 한 고생이 합쳐진 결과물입니다. 병원 광고를 하며 그들의 보상심리와 마주한 때가 많았습니다.

병원 광고는 매우 보수적입니다. 일반적인 병원 광고를 떠올려봅시다. 우선 흰 가운을 입고 팔짱을 끼고 있는 이미지가 떠오릅니다. 점잖은 병원의 경우입니다. 여기서 조금 더 파격적인 병원은 엄지를 내세웁니다. 카메라를 보며 엄지를 치켜 올리는 이시들의 포즈도 광고를 내보냅니다. 아니면 스포츠 스타와 함께 찍은 사진을 광고로 쓰기도 합니다. 엄지를 올리거나 스포츠 스타와 함께 사진을 찍는 것이 병원 광고의 한계라고 생각했습니다. 하지만 최근에 대구의 한 병원이 이 예상을 뒤집는 광고를 만들었습니다. 바로 스포츠 스타와 함께 엄지를 치켜드는 광고였습니다. 울어야 할지 웃어야 할지 모르지만 여하튼 병원 광고는 그래왔습니다.

병원 광고가 별로인 또 다른 이유에는 의료광고심의가 있습니다. 처음 의료광고심의를 받을 때는 황당 그 자체였습니다. 창작의 요소가 전혀 먹혀들지 않았습니다. 사람의 생명을 다루는 분야라 워딩에 예민한 것은 이해합니다. 그런데 워딩의 느낌을 넘어 글씨 크기나 색깔에 관한 관여는 너무한다 싶었습니다. 커야 될 글씨와 작게 써야할 글씨를 정해주는 건 지나친 참견입니다.

또 다른 불만은 심의의 주관성입니다. 의료광고심의에서 지나친 창작적 요소는 배제됩니다. 사실에 기반하지 않다고 보기 때문입니다. 한 번은 '문제는 척추, 정답은 척척' 이라는 카피를 쓴 적이 있습니다. 그런데 후에 이런 결과가 날아왔습니다. '왜 당신의 병원이 정답이냐. 나머지 병원이 오답인 듯한 뉘앙스니 광고를 내리시오' 속이 상했지만 어쩔 수 없이 그 광고를 내려야 했습니다. 하지만 다른 병원의 심의 통과된 '어깨에 날개를 달아드립니다'라는 카피를 보고 더욱 화가 났습니다. 그때 깨달았습니다. '아, 심의도 사람이 하는 일이니 주관적이구나'

그 화가 식기 전에 새로운 병원에서 광고 의뢰가 들어왔습니다.

대구 브이라이프 영상의학과의원이었습니다. 사실 영상의학과라는 분야는 꽤 어렵습니다. 성형외과, 정형외과, 이비인후과는 매우 대중적인 이미지라 쉽게 이해합니다. 하지만 영상의학과는 다릅니다. 설명을 해줘도 이해하지 못하는 사람들이 있습니다. MRI, CT라고 하면 어렴풋이 이해하지만 그런 영어 단어조차 어려운 건 마찬가지입니다. 의료광고심의에 대한 분노를 가라앉히고 쉽게 표현해야 한다는 숙제를 받기로 했습니다.

의료광고심의 위원들을 웃겨보자

청개구리 심리가 발동했습니다. 어설프게 의료광고심의에 맞추고 싶지 않았습니다. 눈치를 보는 것이 싫었습니다. 오히려 반대로 '이게 어떻게 통과돼?'라는 생각이 들 만한 이미지를 찾자고 생각했습니다. 어줍지 않게 피해가는 워딩을 쓰면 또 반려될 것 같았습니다. 그래서 아예 화끈한 이미지로 가면 심의위원들도 통과시켜 주리라 예상했습니다. 그들도 사람이니 한번 웃겨주면 '이게 되나?' 하는 생각으로 승인해줄 것 같았습니다.

그렇게 가져 온 이미지가 실제 MRI 사진이었습니다. 어설프게 피해가지 말고 정면으로 들이대보자는 생각이었습니다. 작업을 맡은 디자이너 역시 어리둥절한 표정이었습니다. 그렇게 보수적인 의료광고심의에 통과될 리 없다고 생각했을 것입니다. 아마 '아, 소장님이 이제 막나가는구나'라고 생각했을지 모릅니다. 하지만 의료광고심의

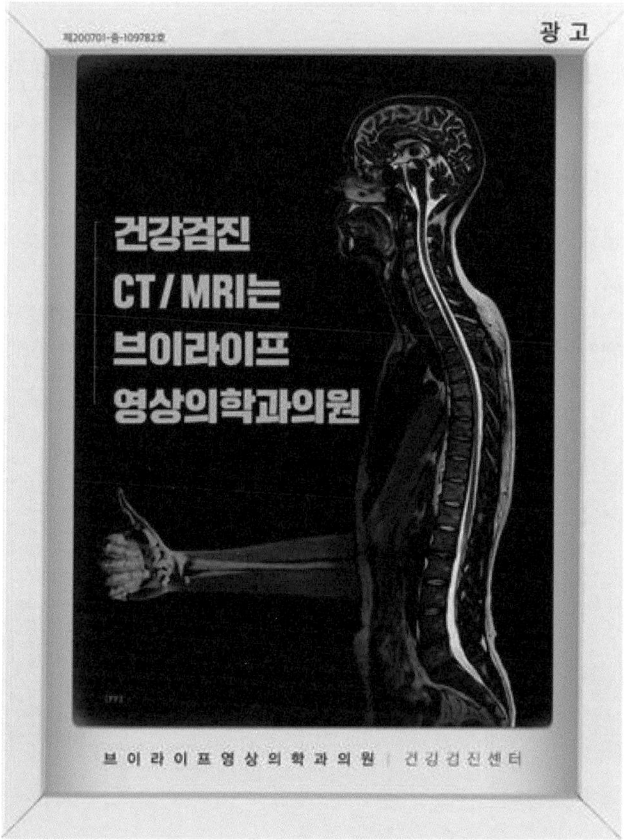

● MRI 사진을 그대로 써 파격적인 병원 광고가 탄생했습니다. 진지한 분위기에 엄지를 내미니 그 앙상한 뼈가 환자들을 웃겼습니다.

때문에 아이디어를 포기하고 싶지 않았습니다. 규제에 굴하지 않고 이 이미지로 병원 PT 자리에 갔습니다. 그리고 이렇게 외쳤습니다.

"의사들이야 영상의학과라 그러면 잘 알겠지요. 하지만 일반 시민들은 대개 어려워합니다. 그냥 보여줘야 합니다. 영상의학과가 뭐

하는 곳인지 그냥 보면 알 수 있도록 말입니다."

아이디어 발표 자리에서 나는 이렇게 밀어붙였습니다. 가장 좋은 아이디어가 나왔으니 브이라이프에서 이 안을 선택하길 바랐습니다. 준비한 세 가지 안 중에 광고주는 당연히 이 안을 선택했습니다. 그럴 수밖에 없는 이미지였습니다. 하지만 원장님의 만족스러운 표정 너머에는 그림자도 있었습니다. 바로 의료광고심의 때문이죠. 나는 심의를 꼭 받아내겠다고 장담하고 나왔지만 사실 별다른 대안이 없었습니다. 그냥 죽기 아니면 까무러치기로 무조건 심의를 받자라는 식이었습니다. 이런 아이디어가 세상의 빛을 보지 못하면 너무 억울할 것 같았습니다.

걔네들은 원래 저래

일주일 같은 하루가 지나갔습니다. 직원을 시켜 매시간 심의 여부를 확인했습니다. 서울 출장을 마치고 내려오는 SRT 기차 안이었습니다. 직원에게 브이라이프 심의 번호가 떴다는 소식이었습니다. 말도 안 되는 일이었습니다. 나는 오히려 직원에게 반문했습니다. "왜?"라고 말이죠. 그때 직원이 한 말이 가관입니다.

"심의 위원들이 빅아이디어를 포기한게 아닐까요? '얘들 원래 이상한 애들이야'라면서……."

그렇게 한바탕 웃었습니다. 기분 좋은 소식에 원장님의 얼굴이 떠올랐습니다. 큰마음 먹고 개원하는 병원일텐데 심의를 얼마나 기

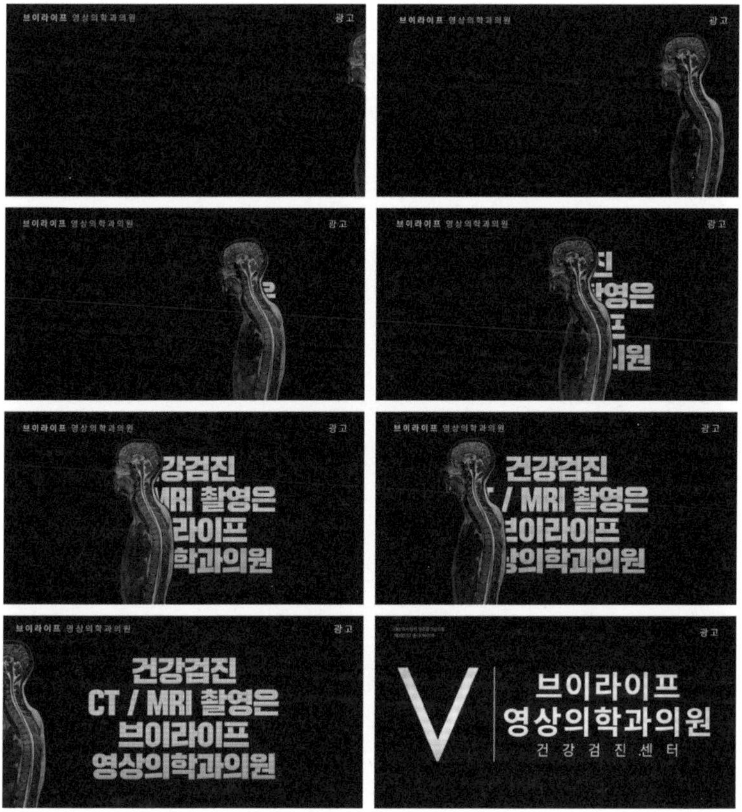

● 멈춰진 이미지를 움직이게 하느라 애먹었던 광고. 억지로 움직이는 모습이 너무 웃겼습니다. 그런 어색함이 왠지 웃겼고 그런 유머가 환자들에게 통했습니다.

다리셨을까 싶어 바로 전화를 드렸습니다. 그랬더니 원장님은 서울대학교 합격 발표를 들은 것처럼 기뻐하셨습니다. 이런 우여곡절 끝에 광고는 세상의 빛을 보게 되었습니다.

저는 웃기고 싶었습니다. 생각해보세요. 우리가 사는 세상이 얼마나 각박한가요. 그리고 영상의학과 광고를 보는 사람들은 더 무섭적인 상황일 수 있습니다. 그렇다고 세상을 포기할 수 없잖아요. 그런 상황일수록 한바탕 웃는 것이 중요하다고 봤습니다. 이 영상의학과의 동영상 광고에는 사실 별다른 아이디어가 없습니다. MRI 속 사람이 오른쪽에서 왼쪽으로 걸어가는 것이 전부입니다. 그런데 그것이 좀 웃깁니다. 멈춰져있는 MRI 이미지를 움직이게 구현하는 것이 정말 힘들었기 때문입니다. 그러다보니 MRI 속 걷는 사람의 이미지가 마치 유령 같았습니다. 유령이 지나가면 등 뒤에서 카피가 나오는 아이디어가 전부였습니다.

이 광고가 소비자에게 먹혔는지 병원도 빛을 보기 시작했습니다. 영상의학과는 진료의 특성상 개업발을 받지 않는 분야입니다. 그래서 전 웃긴 광고의 덕을 살짝 밀어 넣고 싶습니다. 개원하는 경우 초반의 커뮤니케이션 전략이 그 병원의 팔자가 되어 버립니다. 사람의 인식은 웬만해선 첫인상을 바꾸려하지 않습니다. 기억해보세요. 첫 방문 때 친절한 브랜드를 다시 찾은 기억이 있는가요? 그렇지 않을 겁니다. 그만큼 첫인상은 강렬합니다. 언제 죽을지 모르니 빨리 검사하라는 커뮤니케이션이라면 사람들은 달아나버립니다. 하지만 한 번쯤 웃겨주고 미소지을 수 있다면 사람들은 마음을 열죠. 건강 문제가 아니어도 인상을 쓰며 살아가는 우리입니다. 광고에서조차 스트레스를 주고 싶지 않았습니다.

웃음이 만병통치약이라는 말이 있습니다. 광고뿐 아니라 모든 창작가가 기억해야 할 말입니다. 누군가를 웃게 하는 일은 그의 생명을 구하는 일과 같습니다. 한 연구 결과에 따르면 사람이 평생 동안(80년

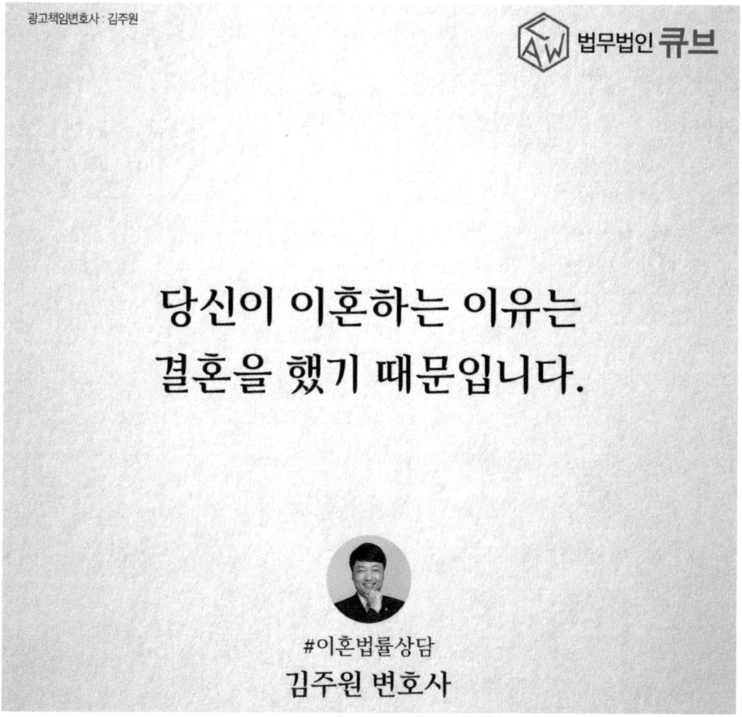

● 이혼 부부 3,000쌍을 조사하니 공통점이 있었습니다. 그들 모두 결혼을 했다는 사실입니다. 재산분할, 외도, 위자료 등으로 이혼 소송하는 분들은 머리가 아플 겁니다. 광고에서조차 괴롭게 하긴 싫었습니다. 그냥 있을 수 있는 일이라고 한 번 웃겨주고 싶었습니다.

기준) 화내는 시간이 5년이라고 합니다. 일하는 시간은 23년이며 식사시간은 7년이라고 합니다. 반면 평생 동안 웃는 시간은 고작 89일입니다. 그만큼 웃을 일이 없는 요즘을 우리는 버티고 있습니다.

웃음이 최고의 광고이자 마케팅입니다. 소비자를 웃기세요. 즐겁게 하세요. 웃기는 사람의 프로포즈를 거절하는 사람은 없습니다.

2장

어떻게 써야 팔리나요?

광고 카피라이팅의 법칙

팔리는 광고 카피는 무엇이 다른가

고객의 마음을 움직이는 열 가지 전략

바야흐로 마케팅 글쓰기의 시대입니다. 팔기 위해 쓰고 사기 위해 씁니다. 우리는 매일 아침 서로 다른 기업으로 출근합니다. 하지만 우리는 모두 카피라이터입니다. 하루라도 쓰지 않고 살아가는 날이 없습니다. 아침에 일어나 밀려있는 메신저에 답장을 쓰면서 하루를 시작합니다. 학생들은 수업을 들으며 직장인들은 보고서를 작성하며 글을 씁니다. 글쓰기는 방과 후에도, 퇴근 후에도 이어집니다. 맛집에 가면 SNS에 사진을 올리며 글을 씁니다. 온라인 쇼핑이라도 하면 택배기사에게 남길 글을 씁니다. 이렇듯 우리의 하루는 글쓰기로 가득 차 있습니다. 즉 글만 잘 써도 당신의 하루는 달라집니다.

백지 위에 글을 써 내려 가는 것이 너무 힘듭니다. 글을 못 써서 체포당한 사례는 없지만 마치 큰 잘못인 것처럼 두렵습니다. SNS에 글을 쓰는 것도 힘든데 상품을 파는 카피라이팅은 오죽할까요? 그렇다고 수천만 원을 들여 광고 촬영하는 것도 부담스럽습니다. 어떻게 하면 적은 비용으로 혹은 무료로 매출을 올릴 수 있을까요? 결국에는 '글'이 답입니다. 상품을 파는 글쓰기 기술만 잘 배워도 매출은 달라집니다. 광고 카피만큼 지금 당장 당신이 할 수 있는 세일즈 기술이 없기 때문입니다. 가장 대중적이고 쉬우면서 지금 당장 시작해 볼 수 있는 기술입니다. 지금부터 제가 지난 10년간 카피를 쓰며 깨달았던 내용을 가감 없이 전해드리겠습니다.

형용사 대신 숫자를 써라

잘 팔리는 상품이라 쓰지 말고 12억 7천만 원이 팔린 상품이라 쓰세요. 형용사는 모호하고 숫자는 구체적입니다. 사람들은 구체적인 것을 좋아합니다. 구체적인 것은 머릿속에 그려지고 예상할 수 있습니다. 소비자들의 교육 수준이 높아지면서 달콤한 형용사를 믿지 않는 시대가 왔습니다. 형용사는 문장의 거품이며 없어도 되는 품사입니다. 주관성이 가득한 형용사의 성질은 카피의 신뢰를 떨어뜨립니다.

반면 숫자에는 형용사적 성질이 없습니다. 신뢰를 줍니다. 예를 들어 회사 소개서는 온갖 형용사를 동원해 기업을 꾸미고 있습니다. 하지만 재무제표를 보면 그 기업의 실체는 금방 들통납니다. 그리고 숫자는 예상할 수 있게 만듭니다. 어떤 회사를 여러분께 소개한다고 가정해보겠습니다. "우리는 중소기업부터 관공서, 지자체를 클라이언트로 두고 있는 회사입니다"라고 말하는 것보다 "우리는 매출 15

억 원의 기업입니다"라고 말하는 것이 더 신뢰감을 줍니다. 15억 원이라는 숫자를 듣고 사람들은 그 회사에 대해 짐작하게 됩니다. '음, 매출이 15억 원이면 직원은 몇 명 정도 될 것 같고 실제 순이익은 이 정도가 되겠구나' 이렇게 그 회사에 대해 예상할 수 있습니다.

상품을 예로 들어보겠습니다. '우리 제품은 강력한 항균력을 자랑합니다!'라는 카피보다 '항균력 93%'라고 쓰는 것이 더 효과적입니다. 식당도 마찬가지입니다. '우리 집 고기 끝내줍니다!'라는 카피보다 '우리 집 고기 맛을 본 분은 1년에 평균 18회를 재방문하십니다'라는 카피가 더 좋습니다.

명함 한 장으로 매출 올리기 (×)
→ 명함 한 장으로 한 달에 120만 원 더 벌기 (○)

소상공인 매출을 올리는 방법 (×)
→ 소상공인 매출을 3.5배 올리는 방법 (○)

머릿결이 좋아지는 샴푸 (×)
→ 어제보다 머릿결이 2배 좋아지는 샴푸 (○)

기억하세요. 광고 카피에서 형용사는 독, 숫자는 약입니다.

쉬운 글이 매출을 역전시킨다

광고에서 가장 피해야 할 것이 중언부언입니다. 아무리 달콤한 사랑 표현이라도 그것이 반복되면 구걸이 되고 맙니다. 광고는 '츤데레' 같아야 합니다. 무심한 듯하지만 뱉은 한마디에 사랑의 온기가 있어야 합니다.

카피라이터는 참 신기한 능력을 갖췄습니다. 글 한 줄로 매출을 폭발시키기도 망하게 하기도 합니다. 그래서 카피 쓰는 것이 더 어려울 겁니다. '카피를 잘 쓰는 사람은 따로 있는 것 같아. 어떻게 써야 매출을 올리지?'라는 생각이 머릿속에 가득하실 겁니다. 사실 그런 두려움이 카피라이팅의 가장 큰 적입니다. 대단한 카피를 쓴다는 생각을 버리세요. 대신 수준 떨어지는 낮은 퀄리티의 글을 쓴다는 생각으로 쓰세요. 그렇게 숱한 카피를 쓰시다 보면 좋은 카피 한 줄이 탄생할 확률이 높아집니다.

사랑해요 LG

사실 히트한 카피에는 대단히 창의적인 문장도 있지만 그렇지 않은 문장도 많습니다. 많은 사람이 알고 있는 위 카피를 봅시다. '사랑해요'라는 카피가 창의적인가요? 전혀 그렇지 않습니다. 너무 흔해서 전혀 임팩트가 없는 카피입니다. 그런데도 사람들은 저 카피를 좋아하고 기억합니다. 왜일까요? 창의성이 늘 정답은 아니기 때문입니다. 카피를 못 써서 이 책을 구입하셨는데 정말 희소식이지요? 새롭지 않아도, 창의적이지 않아도 좋은 카피가 될 수 있다니 희망이 생긴 것 같습니다.

이 카피를 다시 살펴봅시다. 정말 진부한 표현이지만 정말 대중적인 워딩입니다. 매일 먹는 밥처럼 흔하지만, 사람은 밥 없이 살 수 없죠. '사랑해요 LG'가 바로 그런 카피입니다. 정말 쉬워 보이는 카피인데 이것을 쓴 카피라이터가 천재처럼 보이시지요? 조금 전 드렸던 희망을 꺾은 것 같아서 죄송한 마음이 듭니다. 별것 아닌 문장인데 밥처럼 중독됩니다. '그런 것까지 예상해서 쓴 카피면 얼마나 잘 쓴 거야?' 라는 생각이 드실 겁니다. 다음 카피를 한 번 보실까요?

빨래 끝!

역시 창의적이지 않습니다. '빨래 끝!'이라는 카피에는 어떤 크리에이티브도 보이지 않습니다. 하지만 기억에 남습니다. 이유가 뭘까요? 언젠가 책에서 이 카피의 탄생 배경에 대해 본 기억이 있습니다. 큰 프로젝트를 맡은 카피라이터의 부담이 엄청났었다고 합니다. 사무실 책상에 앉아 있어도 도무지 생각이 나지 않아 그냥 퇴근했다고 하더군요. 그렇게 집 소파에 앉아 있는데 빨래를 마친 와이프의 한마디가 귀에 쏙 들어왔다고 합니다. 그때 아내가 뱉은 말이 바로 "빨래 끝!"입니다. 전혀 새롭지 않은 말인데 순간 뇌리에 꽂혔다고 합니다. 제가 생각하는 이 카피의 매력은 바로 우리가 일상생활에서 쓰는 말이기 때문입니다. 사실 빨래를 하고 싶은 주부들은 거의 없을 겁니다. 하지만 그 귀찮은 빨래를 끝냈을 때 홀가분한 마음과 함께 내뱉는 그 말, '이제는 해방이다, 할 일을 끝냈다'라는 마음에서 우러나와 저절로 외치는 그 말이 우리가 일상에서 들을 법한 말이었기 때문인 거죠.

그래서 의외로 주변 사람들의 말에서 좋은 카피가 나오는 경우가 많습니다. 제가 쓴 '스펙이 없으면 쓰레기입니까?'라는 카피 역시 후배에게 영감을 받은 워딩입니다. 카피를 어렵게 힘들게 생각하지 마세요. '아프니까 청춘이다'처럼 화려한 기술이 들어가는 카피도 기억되지만, 그 반대의 경우도 기억될 수 있습니다. 양념이 없어도 담백한 맛을 낼 수 있는 것처럼 말이죠.

사람들은 당신의 브랜드에 관심이 없다

일반적으로 사람들은 철저하게 당신에게 관심이 없습니다. 사실 당신도 마찬가지입니다. 혹시 SNS를 볼 때 관심 있게 혹은 진지하게 보는가요? 그렇지 않습니다. 게시물을 넘기는 손가락이 바쁘기만 합니다. 그중 아주 자극적인 이미지나 문장을 봤을 때 멈추게 됩니다. 그리고 의무적으로 '좋아요'를 누르고 또 다른 게시물을 찾아 떠납니다. SNS는 이런 패턴의 반복입니다. SNS는 매우 바쁜 공간입니다. 친절하지 않은 사람들의 장입니다. SNS에 글을 쓰려면 이 사실에서부터 시작해야 합니다. 카피를 잘 쓰려면 관종이 되어야 합니다. 관종이 되면 관심 받는 법을 압니다. 관심받기 위해서는 어떻게 글을 써야 하는지 압니다. 관종은 첫 문장을 밋밋하게 시작하는 법이 없습니다. 첫 문장에서 관심 받을지 못 받을지 본능적으로 압니다.

글쓰기 사례는 아니지만 재미있는 사례가 있어 소개합니다. 모델 홍진경 씨가 처음 데뷔했을 때 대기실에서 서러움을 많이 당했다고 합니다. 상대적으로 예쁜 배우, 모델들에게만 기자들이 몰렸던 거죠. 그래서 관심 받고 싶었던 홍진경 씨는 무작정 이런 말을 내뱉었습니다.

"저 파리로 유학 가요."

이 말 한마디에 기자들은 홍진경 씨를 둘러쌓고 그 말은 신문에 실리게 되었습니다. 하지만 이 말을 지키기 위해서 그녀는 정말 파리로 유학을 떠나야 했습니다. 지금 생각하면 관심 받고 싶었던 한마디가 지금의 자신을 만들어준 것 같다고 말하더군요. 카피라이팅도 마찬가지입니다. 관심에 집착해야 합니다. 개그맨 주병진씨의 속옷 광고는 이런 관종의 법칙을 제대로 이해한 사례입니다.

2월 21일 옷을 벗겠습니다

당시 엄청나게 파격적인 광고를 선보입니다. 두 번째 광고는 더 파격적이었습니다.

2월 24일 모두 벗겠습니다

실제로 팬티만 입고 촬영한 사진을 공개했습니다. 덕분에 모두들 24일에 나올 광고를 두려움에 떨며 기다리고 있었습니다. 드디어 24일이 왔고 사람들의 이목은 보디가드 광고에 집중되었습니다. 주병진은 개그맨답게 재치 있게 약속을 지켰습니다. 자신의 돌 사진으로 주요 부위를 가린 채 약속을 지켰다는 카피를 선보인 거죠.

팔리는 카피는 간결하다

긴 문장을 짧은 한 줄로 압축하는 힘이 있어야 합니다. 글은 시대에 따라 변합니다. 즉 그 시대의 사람들에 따라 변합니다. 요즘 베스트셀러로 판매되는 책의 문체를 보세요. 긴 문장을 좀처럼 찾아보기 힘듭니다. 바쁜 일상 속에 긴 문장에 호의적인 독자가 없기 때문입니다. SNS는 더합니다. 처음 한두 문장이 재미없다 싶으면 그냥 넘어갑니다. 간결하게 쓰는 가장 좋은 방법은 두괄식 표현입니다. 예를 들어 당신이 가구점을 운영한다고 가정해봅시다. 그럴 땐 유통 단계를 줄여 가격을 낮춘 이유를 먼저 쓰지 마세요. 소비자는 어떻게 가격을 낮췄는지 관심 없습니다. 그저 가격이 싸다는 사실이 중요할 뿐입니다.

저희 가구점은 유통 단계에 혁신적인 요소를 가져와 타 가구점보다 싼 가격으로 제품을 제공하게 되었습니다. (×)

저희보다 싼 업체가 있다면 댓글 부탁드립니다. (○)

핵심 내용을 두괄식에 담아본 다음 가구가 싼 이유의 근거에 대해서 써주면 됩니다. 두괄식의 표현에서 호기심을 가지고 근거를 보며 신뢰감을 얻습니다. 그러면서 '나도 여기서 가구를 구입해볼까?'라는 마음이 생깁니다.

이어 상품을 판 것은 아니지만 대중의 마음을 사로잡은 두괄식이 있어 소개합니다. 정치적인 것과는 무관하게 읽어주세요. 2006년 4월, 일본이 해양 탐사선을 독도에 보내려고 한 계획이 있었습니다. 그때 노무현 대통령이 특별 담화문을 열었는데 그 연설의 임팩트가 무척 컸습니다. 이 연설문의 두괄식은 제가 보고 들은 두괄식 중의 최고였습니다.

"존경하는 국민 여러분, 독도는 우리 땅입니다."

사실 독도가 우리 땅이라는 말은 지극히 식상한 워딩입니다. 사실에 기반을 둔 말이고 우리는 어렸을 때부터 이것을 알고 있었습니다. 하지만 이런 식상한 문장이 두괄식으로 오니 그 임팩트가 엄청났습니다. 독도가 우리 땅인 이유를 밝히고 "그러므로 독도는 우리 땅입니다"라고 했으면 어땠을까요? 그 임팩트가 두괄식처럼 크지 못했을 것입니다. 사실 그 문장을 두괄식으로 쓴 이유는 예상컨대 이러합니다. 독도가 우리 땅인 것이 너무나 자명하기에 별다른 수식이 필요 없다는 생각인 듯합니다. 아무런 수식어도 없이 연설문의 첫 문장으로 쓰니 그 워딩의 신뢰가 실렸습니다. 외국인이 봐도 '아, 독도가 한국 땅이 맞겠구나'라는 생각이 들었을 겁니다.

독자 여러분, 두괄식은 자신감입니다. 당신의 상품에 자신감이 있다면 두괄식으로 쓰세요. 글쓰기 역시 글쓴이의 성격을 닮습니다. 소심한 사람은 글의 목적이 제일 마지막에 나옵니다. 그러면 자신감이 없어 보입니다. 더군다나 세일즈를 위한 글쓰기로는 0점입니다.

팔기 위해서는 두괄식으로 쓰세요. 글을 읽는 것에 호의적인 소비자는 없습니다. 첫 마디가 호기심을 자극하지 못하면 바로 지나가 버립니다.

타켓을 명확하게 밝혀 지목 효과를 누려라

카피라이팅에는 이런 법칙이 있습니다. '당신이'라는 단어가 들어간 문장과 아닌 문장은 천지 차이라고.

누구나 좋아할 법한 레스토랑 (×)
당신이 좋아할 법한 레스토랑 (○)

이유는 바로 '지목 효과'에 있습니다. 이 지목 효과는 응급처치에서도 빛을 발합니다. 길 가다 쓰러진 사람을 만났을 때 "누가 119에 전화 좀 해주세요!"라는 말보다 "파란 티셔츠 입으신 분이 119 불러주세요. 그리고 흰색 남방 입으신 분은 물을 가져와 주세요!"라고 말하는 것이 훨씬 효과적입니다.

카피에서도 마찬가지입니다. '당신이'라는 단어는 나를 지목하는 것 같습니다. 꼭 당신이라는 단어를 써도 좋지만 더 구체적으로 지목해봅시다. 다음 예를 보겠습니다.

미용사라면 꼭 알아야 할 트리트먼트 (○)
스타트업 대표라면 꼭 알아야 할 세무 법칙 (○)
레스토랑 셰프라면 반드시 알아야 할 레시피 (○)

당신이 미용사라면, 스타트업 대표라면, 레스토랑 셰프라면 이 글을 지나칠 수 있을까요? 그렇지 않을 겁니다. 타깃층이 명확할수록 메시지의 흡수율은 높습니다. 이처럼 타깃팅은 카피라이팅에서 가장 중요한 요소입니다. 연애편지를 쓸 때 사랑하는 사람을 떠올리며 써야 진심이 전달됩니다. 내 마음을 누구에게 전달할 것이냐가 중요한 것이죠. 당신이 지갑을 열게 하고 싶은 사람을 서울 강남구에 사는 40대 직장인이라 가정합시다. 하지만 이 말을 경북 안동에 사는 대학생에게 한다면 매출을 기대하긴 힘들 겁니다. 마치 내가 쓴 글이 그녀가 아닌 할머니나 다른 아주머니에게 전달되는 것 같은 일이 벌어지는 거죠. 과녁을 정확하게 보고 화살을 쏴야 합니다. 마케팅 글쓰기에서는 더욱 그러합니다.

혜택을 사용하라

'공짜라면 양잿물도 마신다'라는 말이 있습니다. 그만큼 사람은 이점에 약한 동물입니다. 지하철역 앞에서 나눠주는 전단지는 받지 않으면서 물티슈는 꼭 챙깁니다. 전단지는 쓸모없지만, 물티슈는 언젠가 필요하기 때문입니다. 카피라이팅 역시 마찬가지입니다. 자기에게 이점이 있어야 주워 담습니다. '살 빼는 데 도움 되는 칼로리 낮은 음식'이라는 카피로 이점을 먼저 알리는 겁니다.

법무법인도 마찬가지입니다. 사실 법무법인은 딱딱하고 문턱이 높을 것 같다는 이미지가 있죠. '무료 법률 자문'이라든지 '법률 지원 사업'이라는 단어로 우선 문턱을 낮추세요. 혜택 위주로 쓰면 높았던 문턱도 낮아지고 관심을 갖게 됩니다. 사람은 혜택에 따라 움직입니다.

절세 기술 이것만 알면 된다. (○)
이것만 해도 60일 후에 안경을 벗습니다. (○)
5분만 투자해도 자동차 연비가 좋아집니다. (○)

혜택을 먼저 쓰라고 한 것에는 사람들의 심리가 담겨 있습니다. 사람들은 광고를 본능적으로 싫어합니다. 광고를 보며 '내 지갑에서 또 얼마를 빼가려고? 어림도 없어!'라는 생각을 본능적으로 합니다. 그리고 마음의 벽을 세워버리죠. 이 마음의 벽을 허무는 데 가장 좋은 것이 혜택입니다. 사람의 이기심을 이용하는 데 혜택만큼 도움이 되는 것은 없습니다. 그리고 그 혜택이 무료라면 더욱 좋습니다. '돈 한 푼 들이지 않고 이런 서비스를 이용할 수 있다고?'라는 생각이 들면 가장 좋습니다. 사람은 자기에게 도움 되는 것과 아닌 것을 철저히 구분하는 동물입니다. 카피라이팅을 할 때 그 점을 잘 이용해야 합니다.

상품 대신 콘셉트에 집중하라

우리 주변의 1위 브랜드를 살펴볼까요? 집, 차, 가방 등의 카테고리에서 1등 브랜드를 떠올려봅시다. 그들의 상품 기능이 과연 1등일까요? 가장 뛰어난 성능의 브랜드가 항상 1등인가요? 결단코 그렇지 않습니다. 세상에는 뛰어난 기능을 가지고도 망한 브랜드가 넘쳐납니다. 희한하게도 그렇게 뛰어나지 않은 기능의 브랜드가 1등을 하는 경우도 많습니다. 그 이유가 무엇일까요? 기능이 아니라 콘셉트가 1등이기 때문입니다. 스타벅스의 커피가 과연 전 세계에서 가장 맛있을까요? 맥도날드 햄버거가 가장 뛰어난 맛일까요? 아닙니다. 스타벅스의 브랜드 네임, 로고, 인테리어와 같은 브랜딩 콘셉트가 1등인 거죠. 싼값에 빠르게 햄버거를 먹을 수 있다는 맥도날드의 콘셉트이 1등인 것입니다.

홈쇼핑에 보면 안타까운 중소기업 사장님이 자주 출연하십니다. 처음부터 끝까지 상품의 우수한 기능에 대해 목청을 올리십니다. 하지만 기능으로 경쟁하는 데는 한계가 있습니다. 경쟁사에서 벤치마

킹할 수도 있고 더 싼값에 모방 제품이 출시될 수도 있습니다. 하지만 콘셉트는 절대 따라 할 수 없습니다. 벤츠의 콘셉트를 따라 한다고 해서 벤츠가 되지 않습니다. BMW, 아우디 역시 마찬가지입니다. 콘셉트는 그 브랜드의 고유 영역입니다. 그러니 제발 상품에 대해서 말하지 마세요. 상품에 관해 쓰지 마세요. 콘셉트에 대해 쓰세요. 결국 사람들 마음속에 남는 건 당신 브랜드의 콘셉트입니다.

글에도 아이디어가 있어야 한다

이것은 카피 쓰는 재능이 없는 사람이라도 따라 할 수 있습니다. 당신의 글이 무미건조하고 재미가 없는 이유는 글 속에 별다른 아이디어가 없기 때문입니다. 저는 부동산 공인중개소를 지나칠 때마다 글의 무미건조함을 느낍니다. 24평이 몇 억, 35평이 몇 억, 전세, 월세, 매매 이 단어에서 벗어나지 않습니다. 여기에 아이디어를 넣어보면 글이 재밌게 바뀝니다.

장미꽃을 사세요. 집은 공짜로 드립니다

집은 항상 억대에 거래되고, 장미꽃은 싸다는 인식을 뒤엎는 것입니다. 아파트 상가의 공인중개소들이 열이면 열 똑같은 카피를 쓰고 있습니다. 하지만 그 속에 장미꽃을 파는 공인중개소가 있으면 어떨까요? 게다가 집은 공짜로 준다니. 저도 언젠가 책에서 읽었던 사례였는데 실제 일본에서 있었던 마케팅이라고 합니다. 글을 잘 쓰는 재주가 없다면 글 속에 아이디어를 담아봅시다. 당신의 카피 한 줄로 시장의 강자와 약자가 바뀔 것입니다.

임산부가 되라

카피를 쓰는 과정은 임산부의 태교와 같습니다. 임신하게 되면 담배를 피우는 여성도 금연을 하게 됩니다. 나쁜 것을 취하면 아이에게 안 좋기 때문이죠. 물 한 잔을 마셔도 몸에 좋은 걸 따집니다. 임산부가 아이를 가졌을 때 좋은 생각, 좋은 말을 하려는 것처럼 평소에 카피 태교가 필요합니다.

저의 SNS 팔로워 중에는 화려한 수식어로 자신을 포장하는 사람들이 많습니다. 그 사람들의 머릿속은 '우리 제품을 어떻게 과장되게 포장할까?'라는 생각으로 가득 차 있습니다. 물론 광고가 작은 가치를 극대화해 판을 뒤엎는 작업임은 맞습니다. 하지만 그 범위가 소비자의 공감 밖으로까지 벗어나 있으면 안 됩니다. 막상 제품을 경험했을 때 소비자가 느끼는 허망함은 누가 책임질 것인가요? 단기적인 매출을 올릴 수 있겠지만 그런 브랜드는 롱런할 수 없습니다.

최대한 솔직하게 쓰세요. 오늘 매출이 올라 기쁘다면 그 진심을 블로그에 그대로 전하세요. 불경기여서 고민이라면 그 고민을 가감없이 쓰세요. 그럼 고객은 마치 타인의 일기장을 훔쳐보는 듯한 느낌을 가집니다. 일기는 거짓이라는 생각이 잘 들지 않습니다. 진심이라 생각하죠. 그것을 읽어가며 고객은 당신의 브랜드에 동화됩니다. 자신이 그 브랜드의 주인인 것처럼 브랜드를 바라보게 됩니다. 고객은 그런 진심에 마음의 문을 엽니다. 진솔하게 고객에게 다가가고자 하는 마음이 고객을 움직입니다. 좋은 카피를 쓰고 싶다면 평소에 좋은 생각을 하세요. 좋은 생각, 건강한 생각을 몸속에 주입하세요. 좋은 열매는 좋은 나무에서 탄생합니다.

문법에 어긋나는 카피를 써라

Think different

역사상 가장 성공한 브랜드 슬로건 중의 하나입니다. '다르게 생각하라!'라는 애플의 기업 정신을 고스란히 담아낸 카피입니다. 사실 이 카피의 문법은 잘못되었습니다. Think는 생각한다는 뜻의 동사입니다. 동사가 문장 맨 앞에 오면 '생각하라!'라는 명령문이 됩니다. 그럼 이 동사를 꾸밀 수 있는 단어는 부사입니다. Different라는 형용사로 Think라는 동사를 꾸밀 수 없다는 말이죠. 이 문장을 문법에 맞게 고치면 'Think differently'가 됩니다. 왜 애플은 틀린 문법의 슬로건을 썼을까요? 잡스는 슬로건까지도 다르게 생각했던 거죠. 꼭 문법을 지켜야 한다는 생각조차 다르게 생각했던 겁니다. 애플의 기업 정신을 이보다 더 잘 표현할 수는 없을 겁니다.

● '다르게 생각하라'라는 슬로건조차 잡스는 다르게 생각했습니다. 문법을 파괴함으로써 애플의 브랜드 정체성을 정확하게 표현하고 싶었던 것입니다.

사람들은 자연스럽지 않은 것에 반응합니다. 우리는 늘 틀린 것을 바로잡고 정답을 찾는 교육을 받으며 자랐습니다. 수능에는 항상 문법이 틀린 문장을 찾는 문제가 나옵니다. 토익에도 빈칸에 알맞은 품사를 찾는 문제가 나옵니다. 정답 찾기가 중요한 교육을 받아왔습니다. 그런데 문법이 틀린 문장을 보면 우리는 반응합니다. 무언가 이상하기 때문이죠. 그 문법적인 노이즈가 기억하게 만드는 것이죠.

이런 기법을 도시 브랜드 광고를 만들 때 적용한 적이 있습니다. 당시 대구는 전기차 구입 지원 사업을 통해 거리에 전기차가 가득한 때였습니다. 매연을 뿜지 않는 전기차로 인해 자연스럽게 대구의 공기는 좋아졌습니다. 대구시에서는 그런 점을 광고해주길 바랐습니다.

사람들은 어떤 글을 볼 때 상상할 수 있는 것을 좋아합니다. 모호

한 단어보다는 숫자나 색깔 같은 구체적인 것을 선호합니다.

푸르스름한 색 (×)

녹색 (○)

상상하기 힘든 푸르스름한 색보다는 상상할 수 있는 녹색이라는 단어를 선호합니다. 우리에게 익숙하기 때문입니다. 그래서 녹색이라는 구체적인 색을 가지고 왔습니다. 전기차로 인해 공기가 좋아졌다는 것을 녹색이라는 한 단어로 압축한 것입니다. 그리고 녹색이라는 단어에 '숨쉬다'라는 단어를 가져왔습니다.

녹색을 숨쉬다. 대구광역시.

사실 색깔을 숨 쉰다는 건 말이 되지 않죠. '맑은 공기로 숨을 쉬다'가 맞습니다. 하지만 이런 문장은 전혀 임팩트를 주지 못합니다. '대구는 공기가 맑아요!'라는 카피는 전혀 심장을 뛰게 하지 못합니다. 대신 '녹색을 숨쉬다'라고 쓰면 무언가 이상합니다. '녹색을'이라는 단어와 '숨쉬다'라는 단어가 노이즈를 일으킨 것이죠.

기억에 남는 카피를 쓰고 싶다면 이렇게 노이즈를 일으키세요. 부자연스러운 문장을 쓰세요. 편안한 카피는 편안하게 기억에서 사라집니다. 당연히 해피엔딩으로 끝날 것 같은 드라마가 새드엔딩으로 끝나면 기억에 남습니다. 해피엔딩을 기대했던 뇌와 결말이 노이

● '녹색을 숨쉬다'라는 카피는 사실 균형이 맞지 않습니다. 색깔을 숨 쉬다니요. 그렇게 노이즈를 일으켜 사람들의 머릿속에 인식시킵니다. 사람들은 부자연스러운 것을 기억합니다.

즈를 일으켰기 때문입니다. 팔리는 카피를 쓰고 싶다면 어울리지 않는 단어의 조합으로 노이즈를 주세요.

힙합 가수가 되라

라임으로 머릿속에 각인시키기

천박한 네온사인 아래
웅크린 밤을 담아낸 노래

한국적 라임으로 유명한 랩퍼 피타입의 가사입니다. 말을 대하는 우리의 태도는 다양합니다. 먼저 시각으로 접하는 글입니다. 시각으로 인지하다 보니 디자이너들은 서체에 목숨을 겁니다. 스티브 잡스 역시 그랬습니다. 폰트의 매력에 빠져 대학을 자퇴하고서도 서체 수업을 도강하기도 했었죠. 오늘날 애플이라는 브랜드가 세련되게 보이는 이유는 그들의 광고나 패키지 속의 세련된 서체가 큰 부분을 차지합니다.

두 번째는 발음의 태도입니다. 똑같은 말이어도 입에 붙는 말이 있고 붙지 않는 말이 있습니다. 힙합 가수들 역시 그것에 목숨을 겁니다. 똑같은 단어여도 입에 감기는 가사를 쓰려고 온 힘을 다하죠. 카피라이터 역시 마찬가지고 대국민 담화를 발표하는 대통령 역시 똑같습니다.

저 역시 똑같은 카피를 쓰더라도 수십 번 고쳐 써봅니다. 이 단어를 넣을까? 저 단어를 넣을까? 광고주 앞에 가기 전까지 고치고 또 고칩니다. 그러던 중 발견하게 된 사실이 있습니다. 힙합 음악의 가사 같은 단어의 반복은 사람들의 기억을 돕는다는 것입니다. 특히 발음이 비슷한 앞 단어나 뒷 단어를 맞추면 사람들은 암기하듯이 인지합니다. 힙합에서는 그것을 '라임'이라고 부릅니다.

빚과 빛은 한 끗 차이

대구에 있는 한 변호사님께 광고 의뢰가 들어왔습니다. 동대구 복합 환승센터 인근 부지 소유자들 보상 문제를 해결하면서 자연스럽게 '부동산 변호사'라는 이미지가 생겼습니다. 부동산이 콘셉트화가 된 것이죠. 그중에서도 일조권(햇볕을 누릴 수 있는 권리를 말하며 건축법에 따른 건축물의 높이 제한 기준의 하나로 사용된다 - 출처: 네이버 지식백과) 문제는 그분의 특기였습니다. 일조권 문제를 해결하는 변호사로 강력한 문장을 만든 뒤 그분의 재능을 파는 것이 제 역할이었습니다. 작업은 쉬울 리가 없었습니다. 일조권이라는 말이 낯설뿐더러 발음 역시 어려웠기 때문입니다. 자칫 콘셉트를 잘못 만들면 문턱이 높고 고리타분한 변호사로 전락하기에 십상이었습니다. 그래서 전 라임의 힘을 빌리기로 했습니다. 사람들이 외우기도, 인지하기도 쉽게 하려면 라임이 도움 되겠다고 판단했습니다.

그때 찾았던 핵심 워딩이 '빚'이었습니다. 일조권이라는 어려운 말을 어린아이에게 설명해야 한다고 생각했으니까요. 일조권은 이해하지 못해도 빛이라는 단어는 알 테니까요. 빛을 찾으니 그와 라임을 이루는 단어는 쉽게 찾아졌습니다. 바로 발음이 똑같은 '빚'이었습니다. 대한민국 사회에서 '빚'이 주는 의미는 강력합니다. 대학생의 학자금 대출부터 시작해 40, 50대 가장들의 주택담보 대출까지 성인이라면 빚과 함께 살아갑니다. 게다가 '빛'과 '빚'은 반어적인 느낌이 강했습니다. 빛은 한없이 긍정적인 이미지를 주고 빚은 그 반대였습니다.

빚 많은 집에서 빛 많은 집으로

그렇게 쓴 카피였습니다. 건물이나 집을 마련했다면 분명 대출을 활용했을 겁니다. 그렇게 어렵게 장만한 건물 앞에 빛이 들어오지 않는다면 얼마나 억울하겠습니까. 저는 라임을 이용해서 이 변호사님을 콘셉팅했습니다. 마치 당장이라도 어둠을 걷어내고 빛을 볼 수 있는 듯한 느낌으로 말이죠. 라임을 담은 카피의 힘은 강력했습니다. 부동산 문제를 해결하는 변호사는 많지만 그런 콘셉트를 이미지화한 변호사는 없었기 때문입니다. 《마케팅 불변의 법칙》(알 리스, 잭 트라우트 지음)을 보면 '마케팅은 제품 싸움이 아니라 인식 싸움이다'라는

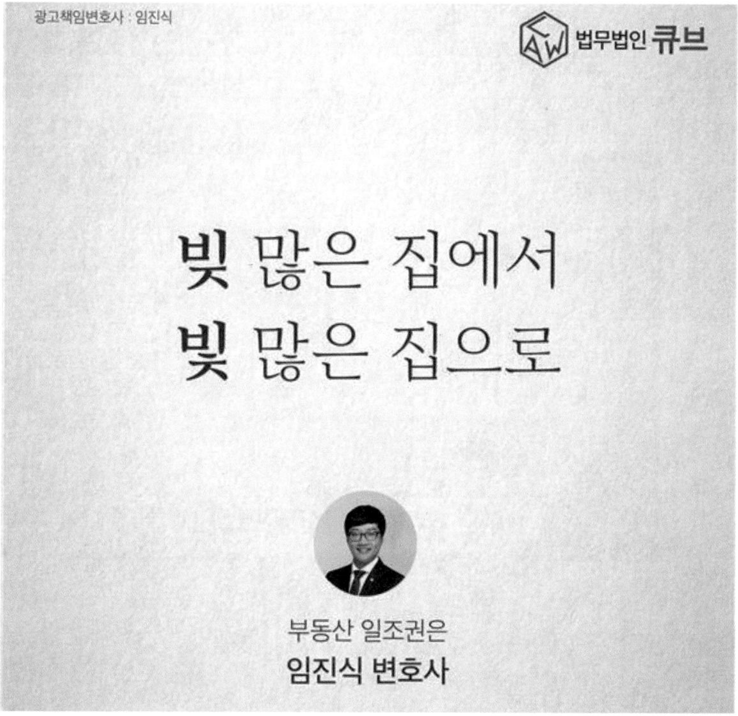

● 일조권이라는 단어는 어렵습니다. 빚과 빛이라는 단어를 이용해 쉽게 인지시키고자 했습니다.

명문장이 나옵니다. 이 변호사님에게 맡기면 부동산 문제는 확실히 해결된다는 인식을 심어준 겁니다. 이제는 '부동산 문제=임진식 변호사'라는 인식이 자리 잡혔습니다. 강력한 라임으로 변호사의 능력을 판 셈입니다.

라임은 스타트업 브랜드를 해결할 때도 필요합니다. 보통 이런 곳은 광고비를 많이 책정하기가 힘듭니다. 소상공인 역시 마찬가지입니다. 광고하는 이유는 투자 대비 더 많은 매출을 올리고 싶어서인

● 골치 아픈 단어일수록 쉽게 접근해야 합니다. '우리에게 복잡한 문제가 저 사람에게는 쉽다'라는 인식을 줘야 합니다.

데, 스타트업이나 소상공인의 경우 선불리 광고비를 크게 지출하는 건 망하는 지름길이기 때문입니다. 이런 경우 제작비를 최대한 낮추고 아이디어의 힘을 극대화하려고 하는 편입니다. 예를 들어 광고 예산이 부족해 현수막밖에 할 수 없는 경우가 있습니다. 이때는 아이디어의 힘으로 현수막을 접어둔다든지 오려둔다든지 하는 방법이 있습니다. 일반적인 네모 형태의 광고에서 접혀있는 현수막이라면 눈이 더 가고 그만큼 팔릴 가능성이 더 크니까요.

소비자의 입장에서 라임 찾기

한 번은 지역의 한 다이어트 센터에서 의뢰하셨습니다. 굉장히 소규모의 센터여서 이곳 역시 아이디어의 힘을 빌려야 했습니다. 신생 기업이기 때문에 브랜드 인지도가 낮았습니다. 당연히 브랜드를 기억시키기 위해서 쉬운 라임의 힘이 필요했습니다. 어떻게 팔 수 있을까 고민하다 유튜브에서 뚱뚱한 분들의 고충을 찾아봤습니다. 침대에서 일어나지 못할 정도로 뚱뚱한 사람, 식욕을 주체하지 못해 과식이 반복되는 사람들의 영상이었습니다. 무엇보다 그들의 공통점은 낮은 자존감이었습니다. 뚱뚱해져 버린 자신의 모습에 가족들과도 담을 쌓고 사는 모습이었습니다. 낮은 자존감으로 살아가는 생활은 처참했습니다. 삶을 사는 것이 아니라 그저 연명하는 느낌이었습니다. 대인기피증으로 직장을 다니지도 못했습니다. 자연스럽게 궁핍한 삶 속에 지독한 현실을 사는 모습이었습니다.

그 영상에서 제가 찾은 단어는 바로 '삶'이었습니다. 앞의 사례처럼 '삶'을 찾으니 그다음 단어는 너무 쉽게 찾아졌습니다. 그 단어는 당연히 '살'이었습니다. '삶'과 '살'이 라임을 이루면 팔리겠다고 생각했습니다. 이렇게 핵심 워딩만 찾으면 카피의 50%는 해결된 셈입니다. 다양한 목적어와 동사를 결합해 수많은 문장이 탄생할 수 있기 때문입니다. 그중에서 가장 임팩트 있는 걸 골라 아래와 같은 카피가 탄생했습니다.

살이 사라진다. 삶이 살아진다

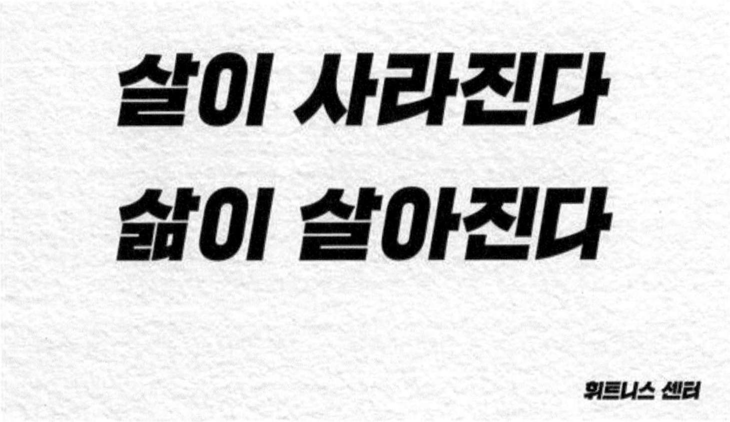

● 라임을 쓰니 쉽게 외워집니다. 우리가 학창 시절 암기 과목을 공부할 때 처럼요. 이처럼 라임은 브랜드를 인지시키는 좋은 방법입니다.

저는 어떤 브랜드를 팔려고 할 때 먼저 그 소비자가 되어보려고 합니다. '내가 다이어트 센터에 가면 무엇을 원할까? 어떤 삶을 원할까?' 상상해봤습니다. 당연히 제 몸에 붙어 있는 살들이 사라지길 바랐습니다. 엉망이 되어버린 제 삶을 온전히 살아가는 모습을 원했습니다. 자존감 높게 말이죠. 소비자가 된 채로 글을 쓰면 마케팅의 성공률이 높아집니다. 그저 '우리 센터로 와서 돈을 주세요!'가 아닌 소비자의 만족에 집중하기 때문이죠. '살 빼 드립니다', '8킬로그램 못 빼면 전액 환불!'이라는 식상한 마케팅 속에서 우리의 문장은 살아남았습니다. 언제까지 자신의 통장 잔고만 보실 겁니까? 고객들의 마음을 먼저 보세요. 소비자의 마음은 하루에만 오천 가지의 광고로 녹초가 되어 있습니다. 그들에게 팔려면 라임을 이용하세요. 당신의 브랜드가 오천 가지의 광고 중에서 살아남을 겁니다.

소비자의 마음속에 작은 씨앗을 뿌려라

눈눈이이
전략

"인천시교육청입니다. 광고 제작비가 얼마나 하나요?"

워낙 이런 문의를 많이 받다 보니 대수롭지 않게 대응했습니다. 서울에도 광고회사가 많은데 굳이 지역 회사에 일감을 줄까 하는 생각이 들었죠. 하지만 장학사님의 고집이 셌습니다. 며칠 뒤 "우리 홍보팀을 데리고 대구로 내려가겠습니다"라는 전화가 왔습니다. 순간 너무 미안한 마음이 들었습니다. 미래의 광고주가 될지 모르는 분들에게 그 먼 길을 내려오게 할 수 없었습니다. 그렇지 않아도 서울에는 매주 미팅 때문에 올라가니 서울에서 보기로 협의했습니다. 고속터미널 역 미팅 장소에 전 당당히 혼자 나갔습니다. 장학사님은 다른 일곱 분과 함께 오셨더군요. 저는 혼자 여덟 명의 몫을 할 수 있다는 불안한 표정으로 카페에 앉았습니다. 그렇게 숨죽인 채로 미팅이 시작되었습니다.

인천의 문제는 이랬습니다. 대구의 모 의원이 '이부망천(이혼하면 부천 가고 망하면 인천 간다)'이라는 말을 했는데 그것이 매스컴에 대대적으로 보도된 것입니다. 그래서 인천의 이미지가 말이 아니라고 말씀하시더군요. 저는 여기서 인천시교육청도 보통이 아닌 곳이라 생각했습니다. 대구 정치인의 말에 상처받고 대구의 광고회사에 그 일을 맡기려고 했으니까요. 정말 인천시만의 화끈한 방식이라는 생각이 들었습니다.

아이들에게 상처를 준 워딩, 이부망천

이부망천은 아이들의 가슴 속에 날아와 박혔습니다. 그 단어가 매스컴을 타면서 인천의 이미지가 굳어져 버렸습니다. 말의 힘이 이토록 무서웠습니다. 그날 미팅한 교육청 팀들은 제게 무거운 과제를 내주었습니다. 웬만해선 굳어진 이미지와 입에 붙어버린 말은 바꾸기 힘들기 때문입니다. 큰 고민을 안고 대구로 내려가는 KTX에 몸을 실었습니다. 도무지 답이 보이지 않았습니다. '어떻게 하면 팔리는 아이디어를 만들 수 있을까?' 생각하며 잠이 들었습니다.

사실 마케팅은 문제 속에 답이 있는 경우가 많습니다. 줄임말로 문제가 발생했으니 그 해결책도 줄임말 속에 있지 않을까 생각했습니다. 말 그대로 '눈눈이이' 전략이었습니다. 인천이란 말만 들어도, 글만 읽어도 기분이 좋아지는 그런 문장을 찾고 싶었습니다. 그때 머릿속을 번쩍 스쳐 간 단어가 '인재의 천국'이라는 단어였습니다. 그 단어에서 인과 천에만 색깔을 넣어 얼핏 봤을 때는 인천이지만 가까이에서 보면 '인재의 천국'이 보이게 하자는 아이디어였습니다.

안 좋은 습관이지만 어떤 아이디어가 나왔을 때 비로소 작업이 끝났다고 생각하는 순간이 있습니다. 거절할 수 없는 아이디어가 나왔을 때 연필이 놓아버리는 바로 그 순간입니다. 아이디어에는 100점이 없으니 발표 직전까지 답을 찾아야 합니다. 하지만 좋은 아이디어가 나왔을 때 광고주의 얼굴을 잊어버립니다. 그리고 연필을 놓고 창작의 고통에서 벗어나려는 본능이 발휘됩니다.

고백하건대 이 문장은 아이디어 발표 이틀 전에 탄생했습니다. 그 전까지 준비한 아이디어들이 쉽게 팔릴 만큼 매력적이지 않았습니다. 우리 팀 스스로가 그것을 인지하고 있었습니다. 궁지에 몰린 쥐는 고양이도 문다고, 부리나케 디자인을 완성하고 발표 전날 인천으로 올라가 하룻밤을 묵고 다음 날 아침 일찍 교육청으로 출발했습니다.

오지 않았으면 하는 발표일이 왔습니다. 뜨지 않았으면 하는 해는 어김없이 뜨더군요. 발표는 엄숙한 분위기에서 진행되었습니다. 자신 있어 보이도록 노트북을 화끈하게 열어 재꼈습니다. 지역 기업이지만 아이디어만큼은 서울에 꿀리지 않는다는 결기였습니다. 화투를 칠 때, 상대가 돈을 모두 가져가려고 하는 순간 "잠깐!"이라는 사람이 꼭 있죠. 그리고 회심의 카드를 모포 위에 던집니다. 그런 심정으로 '인재의 천국' 카피를 발표했습니다. 정말 감사하게도 그 카피에서 박수가 터졌습니다.

"줄임말로 받은 상처는 줄임말로 해결해야 합니다!"

우리 팀의 생각이 통한 것입니다. 보통은 아이디어 발표 때 세 가지 시안을 준비합니다. 하지만 이날은 두 배의 아이디어 안을 발표했습니다. 질과 양 모두 서울 회사보다 낫다는 인식을 주고 싶었던 필사의 노력이었습니다. 다행히 준비한 모든 안을 마음에 들어 했습니다. 무겁게 발표를 지켜보시던 과장님께서 드디어 입을 여셨습니다.

"사실 우리 홍보팀 전체가 소장님 회사를 반대했습니다. 서울에도 광고회사가 많은데 왜 굳이 대구에 있는 회사에 일을 주느냐고요. 그런데 이번에 한 장학사님이 강력하게 김 소장님 회사를 추천했어요. 중요한 일을 앞둔 장학사여서 거부하지 못하고 한 번 맡겨보게 된 것이죠."

사실은 이랬습니다. 한 장학사님이 승진 여부를 앞두고 있었습니다. 팀의 과장님으로선 그 장학사님의 승진을 도와주고 싶었던 모양입니다. 홍보팀은 지역 기업에 대한 선입견이 있었지만, 그 장학사님이 너무 강력하게 추천하니 '네 마음대로 해보라'는 식으로 믿어준 것입니다. 그것이 우리 회사에 호재가 되어 계약까지 갈 수 있었습니다.

발표 후 비로소 진심을 말씀해주신 과장님이지만 사실 우리 팀은 이미 눈치채고 있었습니다. 말하지 않아도 알 수 있는 분위기가 있으니까요. 입장을 바꿔 우리가 인천시교육청이 되어보면 쉽게 알 수 있는 답이었습니다. 나라도 서울 광고회사에 맡겼을 것이기 때문입니다. 그 장학사님이 승진을 앞두고 있는지는 몰랐지만, 우리가 그들을 만족시키지 못했을 경우 그의 앞길에 큰 불행이 기다리고 있음이 뻔히 보였습니다. "네가 추천해서 지역 회사에 일감을 줬는데 결과가

● 인재의 천국이지만 멀리서 보면 인천이라는 워딩만 보입니다. 마음의 상처를 받은 아이들의 기를 살려주고 싶었습니다. 이 카피가 아이들 마음속에 작은 씨앗이 되길 바랍니다. 그리고 그 씨앗이 탐스러운 열매를 맺기를요.

이게 뭐니?"라는 말을 듣게 하긴 싫었습니다. 지금도 그때 생각을 하면 가슴이 철렁합니다. 우리야 한 번의 프로젝트로 끝날 수도 있지만 장학사님의 경우 그 직장을 계속 다녀야 하기 때문입니다.

죽는 아이디어, 살아서 세상의 빛을 보는 아이디어

하나의 아이디어가 세상의 빛을 보는 건 정말 힘듭니다. '인재의 천국'이라는 강력한 카피가 나왔음에도 불구하고 까다로운 보고 절차가 남아 있었습니다. 부서에서 그 위로, 또 그 위로 보고 라인을

● '더 빛나게'라는 말은 지금도 빛나고 있다는 뜻입니다. 인천의 아이들은 예전도, 지금도 빛나는 존재라는 말을 전하고 싶었습니다.

올라가다 보면 아이디어는 임원들의 피드백에 공격을 받습니다. 그것도 지극히 주관적인 의견에 말이죠. 그렇게 아이디어가 사장되는 경우가 많습니다. 그래서 실무진에서 강단을 가지고 강력하게 밀어붙이지 않으면 실패하는 경우가 부지기수입니다.

'인재의 천국'도 마찬가지였습니다. 보고 라인을 타면서 '너무 자극적이다'라는 피드백이 날아왔습니다. 윗선에서는 이 카피를 공론화시켜 피드백을 모아오라는 답이 왔지만, 과장님께서는 상상할 수 없는 방식으로 이 카피를 밀어붙였습니다. 공론화되는 순간 반대 세력이 부딪힐 게 뻔하니 바로 그 카피를 사용해 버리신거죠. 홍보팀

● '인재의 천국'이라는 워딩이 너무 자극적이니 다시 검토하라는 의견이 있었지만 홍보팀은 그 카피를 그대로 밀어붙였습니다. 사무실 블라인드에 광고를 입혀 화끈한 결단력을 보여준 홍보팀에 감동받았습니다.

사무실 창문에 '인재의 천국' 광고를 프린팅한 블라인드를 설치하셨습니다. 말 그대로 이 카피를 살리겠다는 무력시위였습니다. (하지만 어떤 의미로는 공론화시킨 것도 맞습니다. 바로 세상에 내놓음으로써 교육청 윗선이 아닌 아이들에게 공론화시킨 것이니까요.)

마음의 문은 한번 열긴 힘들지만 한번 열리면 그 안의 문까지 열어줍니다. "서울 깍쟁이들은 광고 시안 한두 개 준비해서 고르라고 할 텐데 지역 광고회사는 역시 간절함이 다르네요"라고 하시면서 "우리 내년에 영상도 찍어야 하는데 동영상도 부탁드립니다"라는 의뢰를 주셨습니다. 마케팅에서 신뢰가 반 이상이라는 것을 실감하게 된

● OECD 10대 자살률 1위는 한국입니다. 아이들은 성적으로 자신의 가치가 평가받는다는 생각을 합니다. 그리고 극단적인 선택을 합니다. 그렇지 않다고 말해주고 싶었습니다. 너는 세상에 필요해서 온 존재라고요.

순간이었습니다. 후에 홍보팀은 다른 부서에도 우리를 소개해줘 또 다른 일감을 맡아 매출을 일으키는 계기가 되었습니다.

마케팅은 상대의 공감을 얻지 못하면 팔 수가 없습니다. '인재의 천국'은 공감에 있어서 0점일 수도 있습니다. '인천이 인재의 천국이라고?' 이런 생각을 떠올릴 수 있습니다. 하지만 이번 세일즈에서 나는 공감보다 씨앗이 더 중요하다고 봤습니다. 어떤 사람을 왕이라고 부르면 그 사람이 왕처럼 행동하는 것처럼 말의 씨앗에 저는 더 큰 비중을 뒀습니다. 인천을 인재의 천국이라고 계속 부르다 보면 그 씨앗이 싹을 틔울 것이라고 봤기 때문입니다. 이제부터 인천 아이들의 마음속에 이부망천이 지워졌으면 좋겠습니다. 그리고 인재의 천국이라는 씨앗을 가슴에 품었으면 좋겠습니다. 그 씨앗이 싹을 틔워 자신들이 이 카피의 증거가 되었으면 좋겠습니다.

팔리는 글을 담는 그릇은 따로 있다

네 소비자를 내 몸과 같이 사랑하라

부산의 한 안과에서 연락이 왔습니다. 대구가 아닌 다른 지역의 의뢰가 들어올 때 가장 행복합니다. 저는 재미있게 살고 싶어서 광고를 시작했습니다. 기차나 비행기를 타고 출장을 다닐 때는 마치 여행을 한다는 기분이 듭니다. 그리고 낯선 지역에서 저희를 기다리는 손님이 있다는 사실이 행복합니다. 그때는 일이 아니라 마치 놀이를 하는 기분이 듭니다. 덕분에 저는 출장길에 낯선 풍경을 마주하며 아이디어를 얻습니다. 역시 무엇이든지 재미있어야 되나 봅니다.

그런 마음으로 부산 서면의 한 안과를 찾았습니다. 개원한 지 20년이 될 만큼 정통 있는 안과인데 지금까지 숱한 마케팅을 한 흔적이 보였습니다. 네이버 키워드 광고부터 블로그, 유튜브까지 기본 마케팅 채널을 갖추고 있었습니다. 하지만 이런 브랜드일수록 나중에는 크리에이티브의 힘을 빌리는 경우가 많습니다. 광고주는 흔히들 이렇게 말씀하십니다.

"김 소장님, 우리도 키워드 광고로 재미를 봤었어요. 그런데 요즘은 재미가 없네요. 광고비를 쏟아 부어도 그만큼 경쟁력이 없으니 고생은 고생대로 하고……."

지금까지 저희를 찾아주신 광고주 분들은 거의 비슷한 상황이었습니다. '해볼 건 다 해봤다. 근데 결국엔 브랜드의 힘이 필요하더라!' 이지요.

첫째는 고객, 둘째는 소비자, 셋째는 손님

이 안과는 노안과 백내장 중심 병원의 콘셉트를 원했습니다. 라식과 라섹 돌풍이 지나고 고령화 사회로 접어든 것에 착안한 것입니다. 라식·라섹에 대한 아이디어는 지루할 정도로 많습니다. 하지만 노안과 백내장에 관한 광고는 기억나는 것이 별로 없었죠. 재미있는 작업이 예상되었습니다.

마케팅에는 이런 말이 있습니다. '첫째는 고객, 둘째는 소비자, 셋째는 손님이다' 그래서 저는 고객에게 집착해봅니다. 집요하게 고객의 마음을 파고들고 그들이 듣고 싶은 메시지가 무엇인지 찾아내려 합니다. 제가 고객이 되어보니 안과에 가는 것이 겁이 났습니다. 제 몸을 생전 처음 보는 의사에게 맡긴다는 것이 쉽지 않은 일이었습니다. 그것도 우리 몸의 9할이라는 눈이라면 더욱 그랬습니다. 하지만 정말 그 의사를 믿고 안과를 간다면 환자로서 가장 듣고 싶은 말이

● 환자의 입장에서 수술 후 가장 듣고 싶은 말이 무엇일까 고민했습니다. "이제 잘 보이시지요? 수술 잘 끝났습니다"와 같은 말이 가장 간절하겠지요. 거기에 크리에이티브 한 방울을 떨어뜨려 놓았습니다. 흐릿한 글씨가 점점 또렷하게 보이는 비주얼을 완성했습니다.

무엇일지 고민했습니다. 노안과 백내장 수술을 마치는 그 순간에 집중해봤습니다. 눈을 감고 수술실을 나가는 제 모습을 상상했습니다. 수술 후 처음 의사와 맞이하는 순간을 그려봤습니다. 그때 딱 잡히는 문장이 바로 "이제 잘 보이시지요?"였습니다. 그리고 "수술 잘 끝났습니다"라는 말까지 들으면 금상첨화라고 생각했습니다. 저는 이 카피가 가장 큰 마케팅 무기가 될 것이라 봤습니다.

세일즈 카피에는 그에 맞는 그릇이 있습니다. 조금 어려운 말이지요? 쉽게 설명해드리겠습니다. 우리가 최고급 호텔에 갔다고 상상해봅시다. 외국어 이름의 어려운 음식을 주문하고 기다리는 중이라고 가정해보죠. 지금 여러분의 머릿속은 어떤 그릇이 상상되시나요? 시

● 밝은눈안과는 부산 지하철 역에 이 광고를 설치해 고객과 소통했습니다. 이 광고를 통해 말에도 그 말에 맞는 그릇이 따로 있다는 것을 깨닫게 되었습니다.

장의 국밥집처럼 커다란 그릇에 꾹꾹 눌러 담을 수 있는 그릇이 생각나시나요? 그렇지 않을 겁니다. 아마도 여러분의 머릿속엔 굉장히 고급스러운 그릇이 떠오를 겁니다. 왠지 음식을 먹지 않았는데도 그 그릇만 봐도 아주 맛있을 것 같다는 이미지를 주지요. 바로 그겁니다.

똑같은 음식(글)이어도 어떤 그릇(디자인)에 담느냐에 따라서 그 맛이 다릅니다. 저는 "이제 잘 보이시지요?"와 "수술 잘 끝났습니다"라는 음식을 어떤 그릇에 담을까 고민했습니다. 그렇게 찾은 답이 뿌옇게 흐린 이미지의 그릇이었습니다. 수술이 막 끝났을 때는 분명 흐리게 보이겠죠. 그리고 서서히 선명하게 보일 것이라 상상했습니다. 그

● 예외적으로 이상한 그릇에 글을 담는 것이 도움될 때도 있습니다. 사람들은 가려두거나 흐리게 해놓으면 더 자세히 보려는 습성이 있으니까요. 형사문제를 지워준다는 변호사의 광고입니다.

것을 광고 카피 속에 녹여냈습니다. 마치 수술 후 의사의 말을 들으면서 점점 선명하게 보이는 것을 표현한 거죠. 아이디어는 그렇게 팔렸습니다. 부산 시내에 노안과 백내장은 서면의 '밝은눈안과'라는 강력한 인식을 만들었습니다. 사실 이 광고로 저희 역시 얻는 것이 있었습니다. 부산의 안과들이 밝은눈안과 광고를 보고 의뢰를 주신 겁니다. 역시 가장 좋은 영업은 가장 좋은 작품을 만드는 것임을 다시

한 번 깨닫게 되었습니다.

팔리는 말의 그릇은 대구시의회에서도 빛났습니다. 아시다시피 경상도 사람들이 참 무뚝뚝하지요. 그런 성격이 광고에도 큰 영향을 미칩니다. 무뚝뚝한 사람이 소비자의 마음을 설레게하는 살랑살랑한 광고를 만드는 건 불가능하기 때문입니다. 공무 기관은 더욱 그렇습니다. 메시지가 딱딱하고 보고 싶은 광고라는 생각이 들지 않습니다. 하지만 그렇다고 그들에게 따뜻한 마음이 없는 건 아닙니다. 시민에게 다가가고 싶은 마음은 있지만 그것을 말랑하게 표현하지 못하는 것 뿐이죠. 경상도 사람들이 무뚝뚝하지만 사실 속정은 깊습니다. 저는 그것을 끄집어내고 싶었습니다. 대구시의회 사람들은 이런 고백을 제게 했습니다.

"소장님, 저희도 시민들에게 다가가고 싶은데 그 표현이 잘 안 되네예. 그카고 공무원들 이미지가 워낙 안 좋다 아닙니까?"

모든 광고주가 그렇듯 브랜드의 문제점을 자신들이 잘 알고 있습니다. 여기에서 광고인의 역할이 시작됩니다. 무뚝뚝한 마음을 낭만적으로 표현해주는 것, 같은 한국말이어도 소비자가 이해할 수 있는 말로 바꿔주는 것에서 우리의 일은 시작됩니다.

사설 기관과는 다른 보수적인 접근이 필요했습니다. 사실 공무원들과의 작업은 재미있는 동시에 힘든 경험도 많았습니다. 늘 바꿔야 하는 광고인의 입장과 바꾸면 힘든 시스템인 공무 기관의 싸움이었습니다. 사실 그 속에서 '내가 공무원을 설득시켰어!'라고 큰 희열을 느낀 적도 많습니다. 하지만 나쁜 버릇이 생겼었던 적도 있음을 고백

합니다. 공무원들과 일할수록 그들이 좋아할 만한 스타일을 너무 잘 알게 된 것입니다. 그것이 문제였습니다. 고객(의회)의 고객(시민), 즉 시민들의 마음을 만질 생각을 하지 않고 어떻게 하면 공무원 마음에 드는 광고를 할까 고민하던 때도 있었으니까요.

메시지는 올바른 그릇에 담을수록 더 맛있어진다

나중엔 이런 생각이 들었습니다. 시민의 혈세로 만드는 광고인데 내가 왜 공무원 비위만 생각하고 있나 하고 말이죠. 정신을 차려보니 진짜 소비자(시민)가 보였습니다. 그렇게 되니 공무원이 좋아하면서도 시민도 좋아할 만한 메시지를 찾게 되었습니다. 작업 노트에 공무원이라는 큰 동그라미와 시민이라는 큰 동그라미를 겹치게 그렸습니다. 그리고 교집합 된 부분의 메시지를 찾는 것을 목표로 했습니다.

시민의 작은 목소리도 크게 듣겠습니다

그렇게 찾은 메시지가 위의 카피였습니다. 보통 시청이나 의회의 광고를 보면 지키지 못할 달콤한 말만 하는 경우가 많습니다. '시민의 삶을 바꾸겠다. 시민이 행복한 사회로 만들겠다'가 바로 그런 광고입니다. 그러나 모두에게 어필하려는 메시지는 아무에게도 어필하지 못합니다. 지키지 못할 약속을 하는 것 역시 예산 낭비입니다. 특히 공공 기관의 광고라면 말이죠. 작은 약속이라도 지킬 수 있는 말을 해야 팔린다고 생각했습니다. 카피를 쓰고 어떤 그릇에 담으면 좋을지 고민했습니다. 큰 고통 없이 답이 보였습니다. 시민이 아주 작은 말을 하더라도 크게 듣겠다는 것을 표현하면 되었으니까요. 즉 문장의 시작은 아주 작게 쓰고 점점 글이 커지는 디자인을 한 것입니다. 멀리서 보면 마치 누군가 오디오 볼륨을 높인 것처럼 점점 글이 커지는 모습이었습니다.

사실 이 워딩은 굉장히 식상합니다. 누가 봐도 시청이나 의회에서 할 법한 말입니다. 하지만 모든 글에는 그에 맞는 그릇이 있는 만큼 그릇을 잘 찾는 것이 관건입니다. 특히 세일즈 카피는 더욱 그렇습니다. 그 문구를 어떻게 디자인하느냐 또는 어떤 서체를 쓰느냐에 따라서 결과는 달라집니다. 팔리는 글을 쓰고 싶으신가요? 글에 꼭 맞는 그릇을 찾으세요. 설령 글의 힘이 떨어지더라도 멋진 그릇이 워딩의 힘을 받쳐줄 것입니다.

410
시민의 작은 소리도 크게
들겠습니다
대구광역시의회

● 작은 소리도 크게 듣겠다는 메시지를 시각적으로 표현했습니다. 작은 글씨는 작게 말하는 것 같고 큰 글씨는 정말 누군가 소리치는 듯한 느낌을 주기 때문입니다. 이 문장을 그냥 쓰면 심심했을 겁니다. 하지만 글에 맞는 그릇에 담으니 메시지가 살아났습니다. 카피 역시 비주얼의 힘이 더해졌을 때 더 강력해집니다.

목숨 걸고 브랜드명을 기억시켜라

아이디어 광고들이 브랜딩을 해치는 경우

"그 브랜드 알아?"

이런 질문에 "들어본 것 같다"라고 한다면 브랜드의 매력이 없다는 뜻입니다. '들어본 것 같다'라는 말은 사실 모른다는 말이니까요. 반면 매력적인 브랜드는 힌트만 말해도 그 브랜드명을 정확히 알아맞힙니다. "새벽 배송하는 브랜드 있잖아"라는 말에 "마켓컬리!"라는 답이 저절로 나오는 것처럼 말이죠. 사람도 마찬가지입니다. 사랑하는 사람이 생겼을 때 그 사람의 이름을 기억 못 하는 경우가 있나요? 아마 치매에 걸리지 않는 이상 그런 일은 없을 것입니다. 브랜드명은 이토록 중요합니다.

대구의 한 성형외과에서 연락이 왔습니다. 동성로에 있는 이 병원은 신사옥 이전을 앞두고 있었습니다. 보통 이전을 앞두고 있는 병원장은 잠을 제대로 이루지 못합니다. 큰 자금이 투자되었고 성공의 확률도 장담할 수 없기 때문입니다. 늘 실패라는 단어가 머릿속을 따라다니죠. 광고인으로서 광고주의 간절한 모습을 보면 마음이 움직입니다. 그것은 돈으로는 움직일 수 없는 미묘한 부분입니다. 광고인도 광고주도 결국 36.5도의 피가 흐르는 인간이기 때문입니다.

카피에 브랜드명을 넣는 이유

하지만 이 브랜드에는 문제가 있었습니다. 지나치게 정도를 걷는 경영을 하다 보니 자신들의 장점을 알리는 것에 너무 소극적이었습니다. 2008년 개원 이후로 광고를 한 번도 해본 적이 없다는 말을 듣고 깜짝 놀랐습니다. 길거리만 나서도 쉽게 접하는 것이 성형외과 광고인데 말이죠. 하지만 그런 정도 경영이 오히려 장점일 수도 있겠다는 생각이 들었습니다. 생각해보세요. 광고 없이 살아남았다는 것은 브랜드 신뢰도가 높다는 뜻이니까요.

저는 광고에서 브랜드를 어필하지만 결국 사람에게 포커스를 맞춥니다. 브랜드에서 일하는 사람들은 결국 그 브랜드를 닮아가는 모습을 자주 목격했습니다. 미팅 때 만난 실무진도 참 선한 사람들이었습니다. 그때 광고인은 어서 펜을 들고 싶다는 욕구가 생겨납니다. 좋은 사람에게 좋은 아이디어를 주고 싶으니까요.

그동안의 소극적이었던 홍보 방법을 대대적으로 바꾸고자 했습니다. 브이성형외과를 강력하게 인지시켜줄 한 마디가 필요했습니다. 사실 성형외과가 한 과목만 진료하는 경우는 거의 없습니다. 쌍꺼풀부터 쁘띠, 리프팅까지 겸하는 경우가 대부분이죠. 어떤 특정 과목을 잡아서 홍보하기에는 너무 아까웠습니다. 이 문제로 우리는 회의를 거듭하다 '어떤 부위든 모두 브이로'라는 문장을 만나게 되었습니다.

어떤 부위든 브이로

후에 이것을 조금 더 다듬어 위의 카피로 최종 수정하게 되었습니다. 소비자들은 형용사와 부사같이 꾸미는 말을 신뢰하지 않으니 '모두'라는 단어를 삭제했습니다. 더군다나 기억시키기엔 짧은 것만큼 좋은 것이 없으니까요.

이 카피의 전략은 이렇습니다. 당시 동성로의 성형외과들은 광고전쟁을 벌이고 있었습니다. 광고에 엄청난 물량을 쏟아 부어 병원명을 인지시키는 전략이었죠. 하지만 광고는 기억에 남지만 막상 그 브랜드가 기억나지 않는 불상사가 많았습니다. 그래서 저희는 목숨을 걸고 브이라는 이름을 기억시키자는 전략을 펼쳤습니다.

어떤 쁘띠든 브이로!

어떤 리프팅이든 브이로!

이런 시리즈로 된 광고 카피로 우리는 전쟁터에 나갔습니다. 대구에서 예뻐지고 싶으면 그냥 브이로 가라는 메시지를 담은 셈이죠. '그 광고 참 좋던데 브랜드를 모르겠네'라고 하면 광고주의 속이 얼마나 쓰릴까요. 광고 예산을 그냥 길바닥에 버렸다는 생각이 들 것입니다. 광고할 때는 목숨을 걸고 브랜드명을 기억시켜야 합니다.

당신의 SNS 프로필 사진은 무엇인가요?

저는 누군가의 번호를 저장할 때 그 사람의 SNS 프로필 사진을 은근 기대합니다. 그 프로필 사진 한 장이 많은 것을 말해주기 때문입니다. 가정적인 사람은 가족의 모습을 올립니다. 자신감 있는 사람은 셀카로 자신을 표현합니다. 하지만 유독 프로필 사진이 비어 있는 사람이 있습니다. 제 경험상으론 (물론 모두 다 그런 것은 아니지만) 자신의 외모에 불만인 사람들이 많았습니다. 제 친구도 늘 프로필 사진이 비어 있었습니다. 하지만 어느 날 성형외과에 다녀오더니 사람이 달라져서 왔더군요. 외모뿐 아니라 그 친구의 자신감이 달라졌습니다. 입이 못생겼다고 생각했는지 항상 입을 가리고 웃던 그 친구가 당당하게 웃기 시작했습니다. 허리를 숙이고 걷던 걸음걸이조차 당당하게 변하더군요. 그때 생각했습니다. '성형을 색안경 끼고 부정적으로 볼 필요가 없겠구나' 그 친구가 행복해하는 모습을 보며 성형에 대한 생각이 바뀌기 시작했습니다. 더 이상 SNS 프로필 사진이 비워질 필요가 없었습니다. 그 친구는 카메라 렌즈를 부숴버릴 것 같은 당당한 사진도 올리기 시작했습니다. 실제로 고친 건 그 친구의 외모일지 몰라도 사실 마음을 고쳤다는 생각이 들었습니다. 그리고 언젠가 성형외과 광고를 만든다면 꼭 이 이야기를 쓰고 싶다는 생각을 했습니다.

브이의 작업을 하며 바로 그 기회가 온 거죠. 여기 텅 빈 SNS 프로필 사진이 있습니다. 어떤 사람이 그 안에 들어오는 것을 망설이고 있습니다. 그렇게 들어올까 말까를 망설이다 용기를 내 프로필 사진 안에 들어옵니다. 그리고 자신감에 가득 찬 모습으로 카메라를 응시합니다. 그리고 이런 카피가 노출됩니다.

브이에 가면 프로필 사진이 생긴다. 자신감이 생긴다.

저는 'Insight'라는 단어를 좋아합니다. 'Sight(시력, 보기)' 앞에 'In(안)'이 붙어 '속을 보는 능력'이라는 뜻을 가진 단어입니다. 즉 통찰력인거죠. 눈에 보이는 것도 중요하지만 그 속에 무엇이 들어있는지 보는 것, 그것이 정말 중요하니까요. 성형이라는 과목을 접하면서 한 가지 깨달은 것이 있습니다. 세상 모든 것이 마음에 달렸다고요. 겉모습을 고쳤지만 실제로는 속 모습이 고쳐진 거라고요. 브이라는 브랜드가 그랬습니다. 남들이 봤을 땐 성형외과 중 하나였지만 전 그들의 내면에 숨겨진 장점을 봤습니다. 그리고 그들이 세상으로 나올 수 있도록 도왔습니다.

브랜드 이름을 넣은 카피와 공감할 수 있는 프로필 동영상으로 이 브랜드는 팔리기 시작했습니다. "브이성형외과라고 들어봤니?"라는

● 프로필 사진을 채우는 건 외모가 아닐지 모릅니다. 그 사람의 자신감이 채워졌다는 뜻일 수도 있습니다. 결국 브이성형외과는 사람들에게 자신감을 판 것이죠.

● 카피 속에 그 브랜드 명을 넣으면 소비자의 인식을 돕습니다. '그 광고 참 좋았는데 무슨 브랜드였지?'라는 말은 광고주의 눈물이 되니까요.

질문에 "응, 어떤 부위든 브이로!"라는 인식이 창출된 것입니다. 말, 글, 이름의 힘이 이토록 강력합니다.

팔리는 브랜드가 되고 싶다면 먼저 이름부터 기억시키세요. 그리고 그 이름을 기억할 수 있도록 힌트(브랜드 슬로건)를 주세요. 소비자는 이름도 모르는 브랜드에 절대 지갑을 열지 않습니다.

대명사를 만들어라

메시지와 아이디어
가깝게 하기

특이한 브랜드에서 작업 의뢰가 들어오면 광고인도 설렙니다. 마치 몸속에 죽어있던 35조 개의 세포가 벌떡 살아나는 기분입니다. 그리고 '이 문제를 반드시 해결하고 말 거야!'라는 외침이 가슴 속 500미터 지하에서부터 올라옵니다.

대구의 한 여성의원에서 광고 의뢰가 들어왔습니다. 사실 여성의원이라는 브랜드 자체는 특이하지 않습니다. 다만 그들이 고치고 싶어 하는 환자가 갱년기 여성이라는 것이 흥미로웠습니다. 갱년기는 완전히 육체적인 것도 아니고 정신적인 것도 아닌 것처럼 느껴졌습니다. 정형외과라면 아주 직설적인 광고를 만들면 됩니다. 하지만 정신에 대한 말이라면 미묘한 감정을 건드려야 합니다. 호르몬 분비가 정신에까지 영향을 주는 것이다 묘한 분야라는 생각이 들었습니다.

당시 대구에서 갱년기를 말하는 병원이 눈에 띄지 않았습니다.

후발 주자가 아니기 때문에 먼저 치고 나가면 해볼 만한 싸움이 되겠다고 생각했습니다. 문제는 '이홍주여성의원'이라는 브랜드명이었습니다. 자신의 이름을 건 병원들이 워낙 많아 타 병원과의 차별점을 줄 수 있을지 고민했습니다. 이럴 때는 주로 그 병원 원장님을 브랜딩해 콘셉트화하는 경우가 많습니다. 원장님이 유명해지면 병원은 자연스럽게 유명해지니까요. 하지만 그 전략은 유행을 탈 수 있으니 쓰고 싶지 않았습니다. 갱년기를 말하는 첫 병원이니 더 간결하게 문제를 해결코자 했습니다. '이홍주'라는 이름만 들어도 갱년기가 떠오르도록 말이죠.

메시지: 갱년기라면 이홍주 여성의원을 찾으세요.

아이디어: 갱년기만 들어도 이홍주가 떠오르도록 만든다.

이렇게 메시지와 아이디어를 가깝게 연결하는 것이 숙제였습니다. 저는 풀리지 않는 문제가 있을 때는 이렇게 써보는 편입니다. 머릿속에 있는 것은 날아가 버리지만 종이에 쓰는 순간 시간을 붙잡게 됩니다. 글이 날아가지 않고 종이 위에 있으니 생각할 시간을 벌게 됩니다. 그러니 문제가 너무 쉽게 풀렸습니다. 우리의 목표는 '갱년기=이홍주'이기에 카피를 만들고 갱년기 대신 이홍주를 쓰면 간단한 문제였습니다.

● 갱년기라는 말 대신에 이홍주라는 말을 썼습니다. 갱년기는 이홍주라는 인식을 충분히 만들어냈습니다.

엄마! 요즘 이홍주에요?

그래, 엄마 요즘 이홍주다.

그렇게 탄생한 카피였습니다. "엄마, 요즘 갱년기에요?"라는 흔한 말에 갱년기 대신 사람 명사를 쓰니 굉장히 색다르게 보였습니다. 메시지와 아이디어가 가까워지면 소비자의 이해가 빨라지고 광고인의 의도를 빨리 캐치해냅니다. 메시지는 미국에, 아이디어는 중국에 있다면 실패한 광고입니다. 소비자 관점에서 그 둘을 연결해 이해하는데 오랜 시간이 걸리기 때문입니다. 좋은 광고는 이런 식으로 탄생합니다. 그리고 브랜드를 팔아줍니다. 이 광고가 나가고 곳곳의 이홍주들이 이홍주여성의원을 찾기 시작했습니다. 이홍주인 여성들이 이홍주를 만나기 시작했습니다. 그러면서 병원은 대구에서 가장 비싼

아파트의 상가로 이전까지 하게 되었습니다.

풀기 힘든 문제를 만났을 땐 종이에 써보세요. 그리고 우리 브랜드가 창출해야 할 이미지가 무엇인지 고민해보세요. 이미지를 단어로 써보기도 하고 문장으로 써보기도 하세요. 그중에서 가장 무서운 것이 대명사입니다. 미국에서는 검색해보라는 문장을 'Google it'라고 합니다. 구글의 영향력이 너무 막강해 검색의 대명사가 되어 버린 것이죠. 하버드는 세계에서 최고의 명문대라는 대명사가 되었습니다. 에베레스트산은 세계에서 가장 높은 산의 대명사가 되었죠. 자, 당신의 브랜드는 어떤가요? 어떤 대명사를 만들어야 시장을 선점할 수 있을까요? 당신의 분야에서 대명사가 되도록 고민하세요. 이홍주의 경우 갱년기의 대명사가 되어 버렸습니다. 후발 주자가 아무리 노력해도 그 인식을 바꾸기는 정말 힘들 것입니다. 최고가 되려면 최선이 되세요. 그리고 최초의 인식을 만드세요. 후발 주자가 감히 도전하지 못할 만큼 말이죠.

지금 대구로 오10미까?

위 카피 문장이 이상하죠? 문장 안에 숫자가 들어가서 문법을 파괴했습니다. 어찌 보면 받침 없는 발음이 일본어 같기도 합니다. 사실 이 카피는 대구의 대표적인 음식인 '대구10미(味)'의 광고 카피입니다. '지금 대구로 오십니까?'라는 문장에 '10미'라는 단어를 넣어서 표현한 것이죠.

'대구10미' 광고 의뢰를 받고 좀처럼 문제가 풀리지 않았습니다. 브랜드 존재감이 없었기 때문입니다. 아무것도 없는 것에서부터 시작해야 하는 것이 문제였습니다. 당연히 사람들은 어떤 음식이 10미에 포함되는지 몰랐습니다. 브랜드를 기발하게 알릴 수 있는 메시지가 필요한 상황이었습니다. 아이디어 노트에 '대구10미'라는 단어를 써보기도 하고 붙여보기도 하고 오려보기도 했습니다. 저는 머리가 나쁜 탓에 생각나는 대로 적어야 기억할 수 있습니다. 문제 하나를 노트에 써두고 360도로 동그라미 원을 그리며 여러 관점에 대입해봅니다. 전주 비빔밥, 춘천 닭갈비, 부산 밀면을 써보고 불현듯 배가 고파지기도 했습니다.

'춘천에 가서 닭갈비를 먹고 싶다'라는 생각을 하다가 의외의 곳에서 답을 찾았습니다. '대구10미'는 결국 대구에 있어야 먹을 수 있는 전통 음식입니다. 그래서 쓰게 된 카피가 '지금 대구에 계십니까?'였습니다. 그다음에 '그렇다면 누른 국수를 드세요!'라는 서브 카피를 붙이는 식으로 10개의 음식을 대입했습니다. 말 그대로 '대구에 계신다면 대구10미를 드시라'는 단순한 의도였습니다.

하지만 무언가 카피의 각이 살지 않았습니다. 음식에 소금을 치듯 카피에도 간이 필요해보였습니다. 조금 더 엣지있게 존재감이 없는 대구10미를 알려야 했습니다. 그래서 나온 것이 '계십니까?'에 교묘하게 '10미'라는 단어를 집어넣는 방법이었습니다. 그랬더니 또 다른 문제가 기다리고 있었습니다. 의도는 좋았지만 디자인이 예쁘지 않았습니다. '계10미까?'라는 글에서 '계'와 '10'이 얽혀서 문장 읽는 것을 방해했습니다. 대구시청 팀과 이 문제로 회의하던 중 '계십니까?'를 '오십니까?'로 바꾸자는 아이디어가 나온 것이죠. 그랬더니 '오10미까?'라는 문장이 만들어지며 디자인도 예쁘게 나왔습니다. 우여곡절 끝에 '지금 대구로 오10미까?'가 최종 카피로 결정되었습니다.

카피만으로는 성에 차지 않았습니다. 좀 더 강력하게 어필하고자 버스에 대형 간판을 붙이는 기획을 덧붙였습니다. 소비자들이 식당을 찾을 때 사실 간판 디자인에 영향을 많이 받습니다. 간판의 디자인이나 색감, 그리고 이름에 따라서 맛집을 판단하는 경우가 많습니다. 그런 점을 이용해 세련되지는 않지만, 옛날 맛집 같은 허름한 간판 디자인을 버스 광고판에 올렸습니다. 그랬더니 맛집 간판을 붙인 버스들이 마치 이동식 맛집처럼 대구를 돌아다녔습니다. 하마터면 버스 옆에 포장마차 의자를 두고 앉아 매운탕을 주문할 뻔했습니다. 이렇게 대구10미 광고는 카피와 이미지의 균형을 맞춰 태어났습니다.

메시지: 대구10미는 대구를 대표하는 10가지의 음식이다.
아이디어: 대구에 오신 분들에게 대구10미를 알린다.

이번 작업 역시 메시지와 아이디어를 가깝게 했습니다. 아이디어를 보자마자 메시지가 흡수되도록 말이죠. 문장 속에 숫자가 들어가 있으니 궁금증을 유발했습니다. '저건 일본 말일까? 아님 욕일까?' 궁금하게 만들었습니다.

● 동대구역에 설치한 대구10미 광고. 대구로 오신 손님들에게 말을 걸고 싶었습니다.

● 맛집의 간판은 허름한 경우를 많이 봤습니다. 그 간판을 광고판에서 만날 수 있도록 기획했습니다.

소비자와 가까워지고 싶다면 메시지와 아이디어를 가깝게 하세요. 소비자는 당신 브랜드에 친절하지 않습니다. 특히 광고에는 더욱 냉정합니다. 광고의 승패는 3초 사이에 결정됩니다. 그 3초 안에 흥미를 주지 못한다면 브랜드의 예산을 열심히 버리고 있는 셈입니다. 당신의 마음과 소비자의 마음을 가깝게 하고 싶으시지요? 그만큼 따로 떨어져 있는 커뮤니케이션 전략을 가깝게 하세요. 교집합 부분이 생길 정도로 가깝게 하세요. 가까워져야 팔립니다.

인식할 때까지 기다려라

급하게 주입시킨 광고에 소비자의 뇌는 체한다

말하지 않아도 알아요. 그냥 바라보면.

무슨 노래 가사인지 아시겠나요? 네, 초코파이 광고 음악입니다. 후에 초코파이는 '말하지 않으면 모릅니다'라는 콘셉트로 방향을 조금 바꾸기도 했습니다. 그때 광고 카피가 '정 때문에 못 한 말 까놓고 말하자'였습니다. 표현하지 않으면 알 수 없으니 초코파이를 통해 솔직하게 소통하자는 메시지였습니다. 맞습니다. 마케팅에서 소비자는 아주 단순하다는 생각으로 접근해야 합니다. (하지만 동시에 소비자는 엄청나게 똑똑하다는 사실도 잊어서는 안 됩니다.) 말하지 않는 것보다 말하는 것이 좋습니다. 대충 말하는 것보다 디테일하게 설명해주는 것이 좋습니다. 하지만 말하지 않고도 그 브랜드를 이해할 수 있다면 소비자는 묵직한 울림을 받게 됩니다. 특히 그런 불친절할 수도 있는 방법이 그 브랜드와 맞아 떨어졌을 때 더욱 그렇습니다.

대구에 수지 접합으로 유명한 병원이 있습니다. 사고로 팔을 잃은 환자에게 공여자의 팔을 접합하는 수술에 성공한 병원이었습니다. 팔 이식에 성공한 국내 첫 사례로 언론의 관심 역시 뜨거웠습니다. 특히 그 환자가 이식받은 팔로 대구라이온스파크에서 시구를 했을 때 그 관심이 정점에 달했습니다. 병원은 대구에 있지만 전국을 넘어 아시아에서 찾아오는 환자들로 넘쳐났습니다. 이렇게 핫한 병원에서 광고 의뢰가 들어왔습니다. 이 병원이 관절 전문병원 인증을 획득하게 되었는데 어떻게 알릴 방법이 없겠냐는 요청이었습니다. 난감했습니다. 국내 최초 팔 이식 수술에 성공하는 바람에 손의 이미지가 너무 강했기 때문입니다. 병원의 로고 역시 두 손을 모아 W를 표현한 디자인이라 쉽지 않은 작업이 예상되었습니다.

뉴코크에 체한 소비자들

마케팅은 인식 싸움입니다. 사람들의 생각을 너무 갑작스럽게 바꾸려고 하면 덧나는 경우가 있습니다. 코카콜라의 경우가 그렇습니다. 코카콜라는 더 발전시킨 레시피를 이용해 '뉴코크'라는 제품을 내놓았습니다. 레시피를 발전시켜 더 많은 사람들이 사랑할 것이라 예상한거죠. 하지만 결과는 정반대였습니다. 소비자들은 뉴코크를 받아들이지 못했습니다. 심지어 예전 콜라를 돌려달라는 시위까지 벌어졌습니다. 사람들의 인식을 너무 급작스럽게 변경하려던 코카콜라의 마케팅이 역효과를 가져온 것입니다. 끝내 코카콜라는 소비자들에게 굴복했고 예전 콜라로 돌아가게 되었습니다. 그것이 지금 우리가 마시는 코카콜라에 'ORIGINAL TASTE'이라는 단어가 붙어 있는 이유입니다. 그리고 이 해프닝은 역사상 가장 실패한 마케팅 사례가 되었습니다.

광고는 인식을 바꾸기 위해 존재합니다. 하지만 갑자기 소비자의 마음을 바꾸는 것은 이렇게 어렵습니다. 병원 광고를 맡았는데 갑자기 코카콜라가 떠올랐습니다. 사람들에게 관절 전문병원이라는 인식을 갑자기 넣으면 소화하지 못할 것으로 생각했습니다. 그래서 목표 지점까지 가는 단계가 필요하다고 봤습니다. 어떻게 자연스럽게 그 계단 하나에 올릴지 고민했습니다.

우리의 전략은 이랬습니다. 수지 접합으로 유명한 병원이니 차라리 손을 보여주자는 것이었죠. 병원 측의 거센 반대가 예상되는 아이디어였습니다. 관절 전문병원을 알려야 할 상황에서 오히려 손으로 광고한다니요. 마케팅에서는 '무엇을 말하느냐'도 중요하지만 '어떻게 말하느냐'도 중요합니다. 즉 손으로 무엇을 말하느냐가 더 중요한 것이지요.

제가 찾은 답은 수화였습니다. '손으로 관절 전문병원이 된 것을 알리자!' 수지 접합 병원의 이미지도 가지고 가면서 자연스럽게 관절의 이미지를 넣자는 전략이었습니다. 어차피 광고가 나가게 될 전광판 역시 음성이 나오지 않으니 수화는 꼭 맞는 아이디어였습니다. 그리고 해외에서도 찾는 병원인 만큼 광고 끝에 '한국에는 W병원이 있

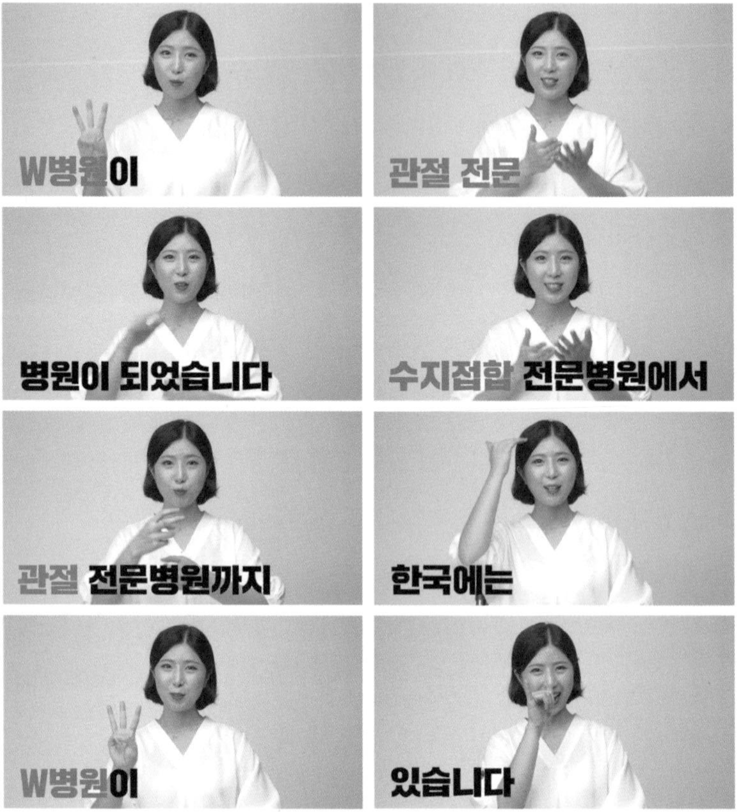

● 말하지 않아도 소비자들이 내 마음을 알아주면 얼마나 좋을까요? 수화를 통해 말하지 않고 메시지를 전달했습니다. 이심전심. 브랜드가 팔리는 이유는 바로 거기에 있었습니다.

습니다'라는 카피로 방점을 찍었습니다. '우리는 다른 병원과 경쟁하지 않겠다. 대신 한국을 대표하겠다'라는 의도를 담은 것이지요.

기획안 발표일, 저는 수화 아이디어를 야심차게 발표했습니다. 이 아이디어를 거절할 테면 거절해보라는 식으로 자신 있게 PT를 진행했습니다. 그랬더니 병원 측은 정말 거절하셨습니다. '관절 전문병원에서 왜 계속 손을 보여주냐? 관절을 노출해야 한다'라는 의견이 대부분이었습니다. 곧바로 방어책을 펼쳤습니다.

"밥을 급하게 먹으면 체합니다. 인식도 마찬가지입니다. 생각을 급하게 주입하려다 보면 우리의 뇌는 체하고 맙니다. 소비자들이 받아드릴 준비가 되도록 브랜드는 기다려줘야 합니다."

어떠한 것을 팔 때는 예시가 무척 중요합니다. 사람들은 낯선 것에 대한 본능적인 두려움이 있기 때문입니다. 하지만 그것을 익숙한 예를 통해 설명을 해주면 받아들이는 확률이 굉장히 높아집니다. 병원 측의 의견을 바꾸기 위해 인식을 밥에 비유해 PT를 계속 진행했습니다. 그랬더니 광고에 대해 전문적이지 않은 의사 분들도 이해가 쉬웠던 것 같습니다.

공익적으로 말하면 상업적으로도 팔린다

우여곡절 끝에 올라간 W병원의 수화 광고는 팔리기 시작했습니다. '수지로 유명한 W병원이 관절도 고친다고?'라는 말이 이제는 안 나옵니다. 광고에서 수화를 하니 멀리서 봐도 W병원 광고였습니다. 그리고 내용을 보면 관절에 관한 얘기를 하니 인식하기에 부담스럽지 않았습니다. 그렇게 병원의 이미지를 조금씩 확장되어 갔습니다. 저는 저의 아이디어를 W병원에 팔았고, 병원은 관절 병원의 인식을 소비자들에게 심어주었습니다. 워낙 인지도가 있었던 브랜드였지만 관절 병동 역시 붐비는 모습을 목격했습니다. 그렇게 브랜드가 팔려갔습니다.

지금도 나오는 많은 광고가 상품을 구구절절 설명하고 있습니다. "이 상품을 사달라, 이 브랜드를 사랑해달라" 애걸복걸하고 있습니다. 그래서 광고에 많은 이야기가 들어가고 결국 소비자들은 메시지를 흡수조차 못하고 돌아서 버리죠. 시각언어가 중요한 이유가 바로 여기에 있습니다. 말해서 아는 건 어떤 브랜드나 취할 수 있는 전략입니다. 하지만 말하지 않고서도 그 사람의 마음을 알겠다면 그 울림은 더 큽니다.

현대 사회는 시간과의 전쟁입니다. 사람들은 광고에 시간을 허비하는 것을 혐오합니다. 보더라도 짧게 볼 수 있는 것, 아니면 읽기 전에 바로 이해가 되는 광고를 선호합니다. 특히 요즘은 인터넷이 발달해 SNS에 올리면 외국에서도 광고를 볼 수 있는 시대입니다. 시각언어의 장점은 이때 강력한 빛을 발합니다. 말하지 않아도 알기 때문입니다.

이런 전략이 신기했는지 다른 병원에서 연락이 오기 시작했습니다. "아파트 엘리베이터에서 수화 광고를 봤다. 우리 병원도 맡아 달라" 등의 연락이었습니다. 한 병원의 숨겨진 장점을 찾아 소비자들에게 알렸다는 사실이 뿌듯했습니다. 사람의 마음은 웬만해서 바뀌지 않습니다. 우리의 뇌는 예상치 못한 일이 들어오는 것을 침입자로 봅니다. 본능적인 반감이 일어나는 것이죠. 하지만 광고로 어떤 인식을 조금씩 바꿔갈 때 그 쾌감은 이루 말할 수 없습니다. 그것이 광고를 하는 이유이고 브랜드를 파는 이유입니다.

문제의 본질을 찾아라

메시지는 차갑게, 아이디어는 뜨겁게

대구시 전체가 신청사 문제로 떠들썩했습니다. 1993년에 지어진 대구시청 건물이 너무 좁고 노후화된 것이 문제였습니다. 시청은 그 도시의 얼굴인데 현재의 모습은 경상도 사람처럼 무뚝뚝합니다. 건물을 보고 있자니 대구 사람이 싫어지는 것 같았습니다. 시청이 낡으니 도시 전체가 늙은 것처럼 보였습니다. 시민 누구나 들어가 보고 싶은 공간이 아니라 멀리하고 싶은 공간처럼 느껴졌습니다. 2004년부터 이런 목소리가 곳곳에서 나오기 시작했습니다. '현재의 신청사가 시정을 돌보기에는 적합하지 않다', '내가 공무원이어도 빨리 집에 가고 싶겠다'와 같은 의견이 스멀스멀 올라왔습니다. 2019년에 드디어 이 문제가 공론화되었습니다. 15년 만에 대구시는 신청사 건립 문제를 해결하자는 결정을 내렸습니다.

치열한 경쟁이 시작되었습니다. 대구시의 각 구군 단체는 신청사 유치를 위해 물불을 가리지 않았습니다. 신청사가 가져다줄 효과 앞에 배려는 없었습니다. 대구시 전체가 신청사 유치를 위한 현수막으로 도배되었습니다. 그때의 대구는 마치 부동산 광고판을 방불케 했습니다. 모든 구군이 대구의 중심이자 희망이었습니다. 대구의 모든 구가 역세권이자 기름진 땅이었습니다. 그러던 중 대구시 신청사 건립 위원회로부터 연락이 왔습니다. 그들의 요구 사항은 이랬습니다. 첫째, 대구시 신청사는 오직 시민의 뜻을 따라간다. 둘째, 각 구군의 지나친 경쟁을 예방한다. 이 두 가지를 광고하고 싶다는 의뢰였습니다. 과다 경쟁으로 몸살을 앓고 있는 대구에 필요한 메시지였습니다.

처방전이 필요했습니다. 이대로 가다간 대구 전체가 현수막으로 뒤덮일 것 같았습니다. 마치 환자가 붕대를 감은 것처럼 현수막이 대구를 감쌀 것 같았습니다. 뜨겁게 달구어져 있는 쇳덩어리를 식혀 줄 시원한 메시지가 필요했습니다.

본질을 찾지 못하면 문제는 해결되지 않는다

이런 복잡한 일을 의뢰받으면 저는 기본으로 돌아가는 편입니다. '어떻게 하면 이 문제를 해결할 수 있을까?', '강력한 해결책은 무엇일까?', '부드럽게 이 문제를 풀 수는 없을까?' 이렇게 여러 가지 해결책을 찾아봅니다. 그렇게 생각의 꼬리를 물다가 결국 본질로 돌아가게 됩니다. '시청의 주인은 시민이다'가 바로 그 본질이었습니다. 본질을 찾으니 각 구군의 유치 경쟁은 중요하게 보이지 않았습니다. 구와 군에서 붙인 현수막 광고들이 무의미하게 보였습니다. '신청사 유치는 경쟁이 아니라 그냥 시민의 뜻을 따라가면 되겠네'라는 기본으로 돌아갔습니다. 그리고 역으로 구와 군에서 붙인 현수막을 이용하자는 전략이 탄생했습니다. 당시 여기저기 붙어있는 현수막들은 하나같이 방향을 얘기하고 있었습니다. 북구는 북구 쪽, 중구는 중앙 등 모두가 방향에만 집중하고 있더군요. 현수막을 보고 있자니 나침반이 떠올랐습니다. 그리고 그 나침반을 광고에 이용하면 재미있는 광고가 나올 것 같았습니다.

아이디어는 이렇습니다. 광고에서 나침반이 계속 돌아가고 있습니다. 사람들은 간절한 모습으로 그 나침반을 응시합니다. 나침반이 어디에서 멈출 것인지 서로 의견을 나누기도 합니다. 그렇게 돌아가는 나침반은 탄력이 붙어 더 빠르게 돌아갑니다. 주체할 수 없을 만큼 빨라진 나침반은 결국 터져버립니다. 나침반의 유리를 깨고 파편이 튀깁니다. 그렇게 벽에 걸린 나침반은 바닥으로 떨어집니다. 그러면서 메시지가 노출됩니다.

대구시 신청사는 방향을 따라가지 않습니다.

시민의 뜻을 따라갑니다.

결국 이것이 본질이었습니다. 어떠한 미사여구도 남기지 않고 핵심만 남겨둔 것이죠. 하지만 이런 아이디어를 대구시 신청사 팀에서 컨펌해줄 리가 만무했습니다. 공무원이 전혀 좋아할 만한 아이디어가 아니었으니까요. 아마 이런 기획안을 기대했을 것 같습니다. 유토피아의 잔디밭에서 뛰어노는 아이들의 해맑게 웃는 광고, 그러면서 '대구시민은 신청사 덕분에 행복합니다'와 같은 카피를 기대했을지 모릅니다. 하지만 저희 팀은 전혀 다른 아이디어를 발표했습니다. 아니나 다를까 나침반이 깨지고 떨어지는 모습이 너무 자극적이다는 피드백도 있었습니다. 나중에는 '왜 나침반이 북쪽에서 출발하느냐? 이미 북구로 내정되어 있다고 사람들이 생각하면 어떡하나?'와 같은 디테일한 의견까지 나왔습니다. 그런 디테일이 이해가 되었던 것이 그만큼 신청사의 유치 경쟁이 치열했기 때문입니다. 오히려 그런 의견이 저는 고마웠습니다. 자신의 임무에 최선을 다하고 있다는 뜻이었으니까요.

돌아보면 처음엔 공무원분들과 싸우기도 많이 했습니다. 공무원과 광고인은 전혀 다른 성향을 가졌기 때문입니다. 처음 창업을 한 7년 전만 해도 그랬습니다. 하지만 지금은 아닙니다. 공무원분들이 더 오픈된 성향을 가진 경우도 자주 봅니다. 어떤 아이디어를 발표하면 "이거 너무 공무원스러운 것 아니에요?" 라는 말까지 날아옵니다. 신청사 건립 추진 팀도 그랬습니다. 위원장님과 과장님께서 광고회사를 믿고 자극적으로 가보자는 의견을 주셨습니다. 그렇게 일은 일사천리로 진행되었습니다. 나침반 광고가 비로소 세상의 빛을 보게 되었습니다. 각 구군에서 방향을 볼 때 우리는 시민의 뜻만 보겠다는 심심한 메시지를 던졌습니다. 그리고 신청사가 결정되는 그날까지 이 메시지만 말했습니다.

● 신청사 문제의 본질은 위치가 아니라 시민의 뜻입니다. 광고에서 다른 미사여구를 빼고 오직 본질만 얘기하고 마치는 광고로 승부를 봤습니다.

● 신청사 건립 추진 시민설명회 광고 작업입니다. 우리가 하는 모든 말이 ㄱ에서 ㅎ을 피할 수 없습니다. 즉 모든 궁금증을 해결해준다는 의미로 ㄱ와 ㅎ을 가져왔습니다.

드디어 신청사 발표 당일, 예상을 깨고 달서구가 최종 선정되었습니다. 달서구는 인구만 56만 명으로 대구에서 가장 많은 인구가 사는 구입니다. 시민 투표, 교통의 접근성, 부지 이용비 등을 고려한 결과였습니다. 기본을 강조한 커뮤니케이션 전략이 기본적인 결과가 되어 돌아왔습니다. 중구를 떠나 낯선 곳으로 가는 시청이지만 더 이상의 잡음은 들리지 않았습니다. 시청의 새로운 설립에 기대 반, 응원 반의 모습이었습니다.

풀기 힘든 문제에 끌려다니지 마라

'진짜 좋은 브랜드를 만들고 싶은데 방법을 모르겠다. 팔리는 광고를 만들고 싶은데 너무 힘들다' 브랜드를 만든 사람이든 브랜드에 속한 사람이든 항상 하는 고민입니다. 아마 이 책을 읽는 분들도 비슷한 고민을 하실 겁니다. 이런 문제에 부딪혔을 때 기술에 의지하지 마세요. 곁가지를 보지 말고 뿌리를 보세요. 화려한 테크닉보다 심심한 기본에 집중하세요. 왜 이런 문제가 발생했는지, 이 문제의 근본 원인은 무엇인지 집중하세요. 그러면 자연스럽게 문제의 본질과 마주하게 됩니다.

좋은 음식을 만들려면 좋은 양념이 있어야 합니다. 하지만 그 전에 음식에 들어갈 재료가 좋아야 합니다. 그 쌀과 고기, 채소가 좋아야 합니다. 마케팅에 막힐 때면 기본에 늘 충실하세요. 기술을 부리려는 순간 문제에 끌려 다니게 됩니다. 본질에 충실하면 더 이상 문제에 끌려 다니지 않습니다. 오히려 그 일의 주도권을 쥐게 됩니다. 기본, 기본, 기본입니다.

3장

어떤 아이디어가 팔리나요?

광고 아이디어의 법칙

살짝 바꾸기만 하라

이미 세상에 있는 아이디어 발견하기

백수 시절, 지겹도록 배가 고팠습니다. 하지만 배고픈 것보다 더 힘든 것이 찾아주는 사람이 없다는 사실이었습니다. 일이 없으니 존재 가치가 부정당하는 느낌이었습니다. 살고 싶어서 광고를 찾아다녔습니다. 광고를 만들어야 살아 있는 것처럼 느껴졌으니까요. 그러던 어느 2월, 삼일절을 맞이해 의미 있는 광고를 기획하면 재미있겠다는 생각이 들었습니다. 그때 떠올랐던 것이 바로 독도 광고였습니다. 사실 이 기획은 대단한 애국심에서 출발한 것이 아닙니다. 다만 '광고인으로서 어떻게 재미있게 보낼 수 있을까?'란 고민에서 시작한 광고였습니다.

항상 강조하는 것이지만 광고는 말하기가 아니라 듣기입니다. 말하고 싶은 것보다 '사람들이 듣고 싶은 것이 무엇일까?' 고민하는 거죠. 독도 광고가 그랬습니다. 사람들이 삼일절에 어떤 말을 듣고 싶을까 고민하다 만든 광고였습니다. 그래서 광고인은 산타클로스와 닮았습니다. 선물을 받고 기뻐할 아이들을 상상하는 것처럼 광고를 보고 좋아할 사람들을 기대합니다.

진부한 표현을 새롭게 바꾸는 법

'독도는 대한민국의 땅이다'라는 메시지를 어떻게 표현할지 고민했습니다. 그때 떠오른 것이 일본이었습니다. 항상 독도를 자기네 땅이라고 우기는 일본을 오히려 이용하자는 생각이 들었습니다. 광고에서 일본을 등장시켜야 독도 문제를 더 명확하게 전달할 수 있을 것 같았습니다.

어떤 그림을 그려야 그 나라가 떠오를까 생각했는데 답은 너무 간단했습니다. 바로 국기였습니다. 태극기와 일장기를 두고 종이가 뚫어질 듯 쳐다봤습니다. 태극기의 건곤감리를 섞어 보기도 하고 태극기를 뒤집어 보기도 했습니다. 상황에 집중하다 보니 아이디어가 금방 탄생하더군요. 남의 것을 자기 것이라 우기니 마치 태극기의 건곤감리 중 하나를 자기네 것이라 우기는 것 같았습니다. 그래서 '곤'을 일장기에 붙여보니 굉장히 자극적인 이미지가 탄생했습니다. 태극기에 '곤'이 없어도 마찬가지였습니다. '곤'이 없으니 대한민국이라 부를 수도 없었습니다. 일장기 역시 '곤'이 붙여져 있으니 일본이라 부를 수 없었습니다. 이미지가 나오니 카피는 저절로 써졌습니다.

대한민국에 독도가 없다면 그것은 대한민국이 아닙니다.

일본에 독도가 있다면 그것은 일본이 아닙니다.

이 작업을 하면서 깨달은 것이 있습니다. 아이디어는 절대 무에서 유를 창조하는 것이 아니라는 것을요. 아이디어는 이미 세상에 있습니다. 우리가 찾으려 하지 않아서 보이지 않을 뿐이죠. 저는 국기를 만든 적이 없습니다. 이미 세상에 존재하는 이미지를 조금 바꾼 것이 다입니다. 원래 있는 것의 위치만 살짝 바꾼 것이 전부입니다. 하지만 제가 만든 광고 중 독도 광고를 기억해주시는 분이 많은 걸 봐서는 확실히 임팩트가 컸나 봅니다.

드디어 삼일절이 밝았습니다. 저와 후배들은 4미터 크기의 대형 태극기를 현수막으로 만들어 대구 동성로로 뛰어나갔습니다. 대구 백화점 앞 광장 태극기와 일장기가 마주 보고 세웠는데 그때의 분위기를 잊을 수 없습니다. 마치 태극기와 일장기 사이의 공기가 멈춘 듯한 느낌이었습니다. 그리고 더 신기한 일이 벌어졌습니다. 어디선가 일본어가 들려와서 돌아봤더니 일본 분들이 독도 광고 앞에서 사진을 찍고 계셨습니다. 잠시 인터뷰라도 할 수 있을까 싶어 다가갔더니 저보다 빠른 걸음으로 도망가시더군요.

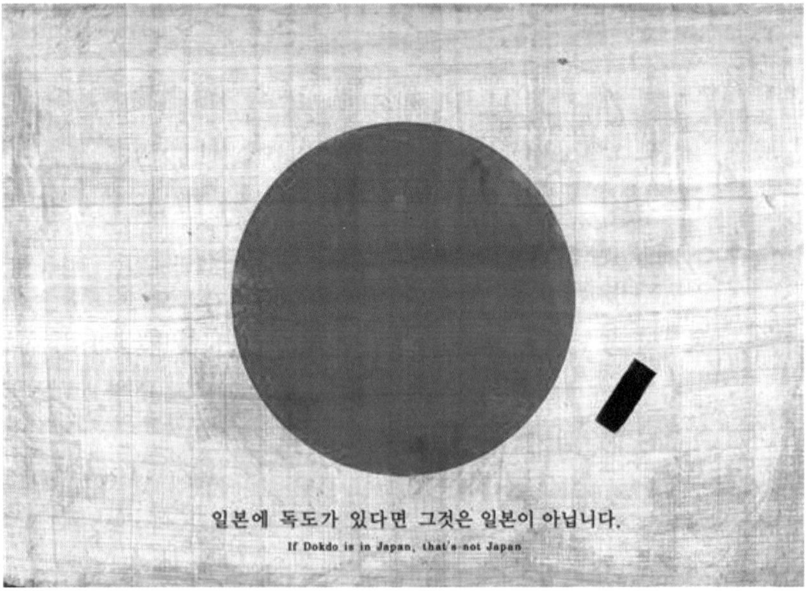

● 기존의 것을 살짝만 비틀었는데도 시각적인 이미지가 강력했습니다. '곤'이 일본에 있는 것이 말이 안 되는 것처럼 독도가 일본 땅이라는 것은 성립되지 않는다는 말을 하고 싶었습니다.

일장기에 붙인 김 한 장

삼일절에 맞는 광고 메시지의 효과는 컸습니다. 많은 사람이 독도 광고 앞에 서서 포즈를 취하고 사진을 찍기 시작했습니다. 하지만 가장 기억에 남는 분은 한 할아버지셨습니다. 한참 동안 태극기와 일장기를 바라보시더니 저의 등을 있는 힘껏 때리시는 것이 아닙니까. 그러시면서 하시는 말씀이 참 인상 깊었습니다.

"어이, 젊은이. 왜 김 한 장을 일장기에 붙여놨노?"

웃긴 얘기일 수 있지만 할아버지 말씀 속에 아이디어의 비밀이 있습니다. 아이디어는 심각할 필요도 진지할 필요도 없습니다. 장난처럼 보이지만 조금 다른 것, 새로운 것 같지만 기존에 있었던 것이 바로 아이디어입니다. 조금 다른 말로 그것을 창의성이라고 부를 수도 있지요.

지금 이 책을 읽는 독자 중에는 사업을 하시는 분, 회사의 홍보팀, 광고인을 꿈꾸는 예비 광고인들이 계실 겁니다. 모두 아이디어 때문에 스트레스 받는 분들입니다. 당장 써오라는 사업계획서나 기획안의 부담은 장난이 아닙니다. 하지만 무에서 유를 창조해야겠다는 생각은 버리세요. 그렇게 생각하는 순간 제안서는 써지지 않습니다. 아이디어는 원래 세상에 있었던 겁니다. 신이 미리 창조해둔 것이지요. 우리 인간은 창조라는 단어와 어울리지 않습니다. 우리에게 맞는 단어는 창작입니다. 신이 창조해놓은 것을 잘 연결하고 섞어서 조금 다른 것을 만드는 것뿐이지요. 창의성의 대명사인 스티브 잡스 역시 이런 말을 남겼습니다. "나는 고작 원래 있던 것을 연결했을 뿐인데

● 6년 전, 대구 동성로에서 한 캠페인이 6년이 지나 빛을 보게 되었습니다. 아이디어는 SNS에서 순식간에 퍼져갔습니다.

사람들은 창의적이라고 말한다"라고요.

독도 오프라인의 캠페인 아이디어는 어느새 온라인으로 팔리기 시작했습니다. 블로그, 페이스북에서 이 광고가 공유되기 시작했습니다. 2019년 광복절 날엔 이 광고가 매일신문에 전면으로 실렸습니다. 그러니 SNS의 페이지인 '색감 미술관'이나 '실시간 대구'에 올라와 1만 명에게 '좋아요'를 받고 약 300회 정도의 공유가 일어났습니다. 6년 전에 동성로에서 한 광고가 6년 뒤 SNS에서 회자가 된 겁니다. '공익광고가 이러면 난 다 볼래!'라는 댓글부터 '몰래 베껴서 과제 발표하려고 했다'라는 미대생의 댓글까지 모두 읽어보았습니다. 가난하고 배고프던 시절 만들었던 광고였지만 6년이 지나 보답을 받았습니다.

하늘 아래 새로운 것은 없습니다. 팔고 싶다면 그 사실을 인정해야 합니다. 저도 광고를 만들 때 다른 좋은 광고를 많이 살펴봅니다. 그러면 그 속에서 또 다른 관점이 보입니다. "우와 이 광고인이 이런 관점에서 세일즈를 했구나. 그런데 나는 또 다른 관점도 보이는데?" 이런 생각을 하며 다른 광고들을 살펴봅니다. 좋은 광고를 보면 나만의 아이디어가 나오기도 하고 그 사람의 광고를 조금 바꿔보기도 합니다. 그렇게 관점을 1도에서 359도까지 돌려다 보면 또 새로운 것이 보입니다. 다른 사람의 아이디어에서 영감을 얻었지만, 그것은 오직 나만의 아이디어입니다.

다른 사람에게서 힌트를 얻기도 하고 숟가락을 슬쩍 올려보기도 합니다. 팔고 싶다면 다른 브랜드의 마케팅 사례도 많이 찾아보세요. 그리고 자신의 브랜드에 적용할 것이 있으면 적용도 해보세요. 그런 가운데 자신에게 맞는 방법도 찾고 혁신적인 아이디어도 만날 수 있습니다. 기억하세요. 아이디어는 세상에 이미 있고 당신이 눈을 더 크게 뜨지 않아 보이지 않았을 뿐이라는 것을요. 그리고 그것을 찾으려는 사람들에게 나타난다는 것을 말이죠.

소비자보다 똑똑한 브랜드는 없다

소비자가 내려다볼 수 있도록 낮아지기

"왜 우리가 사기꾼 취급받아야 합니까?"

어느 치과 원장님께서 제게 하소연하셨습니다. '임플란트 65만 원! 치아교정 256만 원!'이라는 광고 때문입니다. 우리는 지하철만 타도 이런 광고를 쉽게 볼 수 있습니다. 연세 있으신 분들은 이런 광고에 속아 넘어갑니다. 조금이라도 싼 치과를 찾아다닙니다. 5만 원 차이에 치과를 옮기니까요. 낮은 진료비의 치과를 찾으면 그것으로 끝나지 않지요. 치과는 병원 운영을 위해 더 많은 진료를 권합니다. 결국 과잉 진료의 피해는 환자에게 고스란히 돌아갑니다. 저렴한 마케팅 방법으로 유인하는 치과, 1년 진료비를 선납 받고 '먹튀'하는 병원 때문에 치과의 이미지가 말이 아니었습니다. 사실 그런 치과들은 소수입니다. 하지만 소비자들에게 그것은 크게 중요한 사실이 아닙니다. 소수의 부정적인 이미지가 다수의 긍정적인 이미지를 항상 이기니까요. 이것 외에도 "왜 드라마 속 치과 의사는 항상 불륜남으로 나오냐", "왜 영화에서 치과 의사는 돈만 많은 파렴치한으로 묘사되냐"와 같은 불만을 제게 털어놓으셨습니다. 저는 제가 그런 것이 아니라고 했지만, 원장님들의 불만은 계속되었습니다. 대구광역시 치과의사회는 제게 큰 숙제를 내주셨습니다.

치과 원장님들의 하소연

"소장님, 저희 진짜 최선을 다해 진료합니다. 제발 저희를 좀 믿어달라고, 대구 시내 치과를 믿어도 된다는 광고를 만들어주세요."

문제는 단순했지만, 해결은 복잡했습니다. 저 스스로도 치과에 대한 불신이 있었으니까요. 이런 상황에서 '대구의 치과를 믿어주세요!'라는 메시지는 위험하다고 생각했습니다. '너 같으면 믿겠냐? 저 광고인은 치과 원장이 하는 말 그대로 받아 적었네'라는 댓글이 달릴 것 같았습니다. 저는 치과의 좋지 않은 이미지를 역으로 이용하고자 했습니다.

자, 눈을 감고 상상해봅시다. 치과 광고를 아무거나 하나 떠올려볼까요? 어떤 이미지나 워딩이 떠오르시나요? 바로 위의 글처럼 '임플란트 얼마! 치아교정 얼마!'라는 광고입니다. 무언가 이상하지 않나요? 광고에서는 의술이 얼마나 뛰어난지, 의사를 얼마나 신뢰할 수 있는지가 표현되어야 겠죠. 그런데 그런 신뢰성은 쏙 빠지고 오로지 돈으로만 환자를 유인하고 있습니다. 어찌 보면 치과는 환자를 돈으로밖에 보지 않는다는 것을 인정하는 것일지도 모릅니다. 그렇다면 상처받았을 환자들의 마음을 어떻게 돌려낼 수 있을까요? 그 속에 답이 있다고 생각했습니다.

제가 내린 결론은 이렇습니다. '치과에 오는 것보다 평소의 치아 관리 습관이 먼저다' 치과에서 진짜 환자들을 걱정한다면 이런 얘기를 할 것 같았습니다. 임플란트 가격을 말하는 것이 아니라 평소에 치아 관리를 잘해서 치과에 오지 말라고요. 비약이 좀 심할 수 있지만 그 환자가 내 가족이라면 그렇게 말할 것 같았습니다.

칫솔이 치과입니다

그런 마음으로 쓴 카피입니다. 생각한 내용들을 한 문장으로 압축한 것이 위의 카피라고 생각했습니다. 평소에 단 것을 좋아하고 양치를 게을리하면 치과에 올 수밖에 없죠. 집 안에 가장 싸고 가까운 치과가 있으니 그것이 바로 칫솔이라고 말했습니다. 게다가 이런 말을 치과 원장님들이 하면 신뢰성이 회복될 것이라고 봤습니다. '치과 의사들이 웬일이야? 가격으로 환자를 유인하지 않고 평소에 양치 잘하라고 하네?' 저는 이렇게 조금씩 치과의 이미지를 정화해가는 것이 필요하다고 생각했습니다.

핵심 메시지를 던졌으니 치아의 가치를 말하는 메시지도 필요했습니다. 치아에 대한 가치를 인식하지 못하면 반드시 부작용이 있습니다. 낮은 진료비의 치과에 가게 되고 과잉 진료의 피해를 본인이

● '우리 치과에 와서 돈 쓰세요!'라는 말보다 더 강력한 말을 찾고 싶었습니다. 그것은 너무 쉬웠습니다. 그냥 진실을 얘기하면 되니까요.

고스란히 보게 됩니다. 자신의 입안에 있는 것의 가치를 알려줄 필요가 있었습니다. 칫솔을 이용해서 치아의 가치를 어떻게 한방에 보여줄까 고민했습니다.

해외 광고를 살펴보면 치아가 빛나는 광고가 참 많습니다. 영어로 된 카피를 이해하지 못하더라도 어떤 광고인지 단번에 알아볼 수 있으니까요. 치아가 빛나는 광고는 많으니 저는 조금 더 다른 이미지를 만들고 싶었습니다. 생각해보니 치아가 빛나는 것도 칫솔 덕분이었습니다.

1. 칫솔은 치아를 빛나게 한다.
2. 빛나게 밝혀주는 것은 후레쉬다.
3. 칫솔+플래시=칫솔모에서 빛이 나는 칫솔

생각의 생각이 꼬리를 물었습니다. 그랬더니 칫솔모에서 빛이 나 치아를 밝혀주는 칫솔을 생각하게 되었습니다. 조금 더 생각을 파고 들었습니다. 주변에 치아가 밝은 친구들을 떠올려봤습니다. 그런 친구들은 항상 자신감이 있어 보이더군요. 치아가 바르면 자신 있게 웃으니까요. 반대로 치아 상태가 좋지 않으면 자신감이 없어 보입니다. 웃을 때도 손으로 치아를 가리니까요.

치아가 밝으면 얼굴도 밝습니다

그렇게 쓴 카피입니다. 칫솔에서 빛이 나와 치아를 밝힙니다. 치아가 밝으면 표정도 밝습니다. 표정이 밝으면 자신감이 있어 보입니다. 평소의 올바른 치아 관리 습관이 자신감까지 이어진다고 봤습니다.

● 치아와 표정을 밝히는 것은 사실 칫솔이라고 말했습니다. 칫솔은 단순히 플라스틱에 불과한 것이 아니라고요. 당신의 하루를 밝히는 소중한 습관이라고 말을 전하고 싶었습니다.

낮아질 준비가 되어 있던 치과 의사들

드디어 아이디어 발표일이 왔습니다. 저녁 8시에 찾은 동성로의 치과의사회에는 원장님들로 가득했습니다. 고전이 예상되었습니다. 제가 광고밥을 먹으며 느낀 것이 있는데 의사와 광고인은 서로 다른 뇌를 사용한다는 것입니다. 그리고 의사 분들은 정확한 것을 좋아합니다. 하지만 광고는 정확할 리 없습니다. 어떤 카피가, 어떤 이미지가 사람들의 마음속에 얼마나 스며드는지 정량화할 수 없습니다. 그러다 보니 새로운 시도보다는 기존의 것을 유지하려는 성향이 강합니다. 시도에는 늘 리스크가 있으니까요. 한 달을 준비했지만 발표는 10분도 채 걸리지 않았습니다. 그렇게 발표가 끝나고 질문을 받는 시간이었습니다. 사실 말이 좋아 질문이지 이 시간은 광고주의 오펜스와 광고인의 디펜스 시간입니다. 광고주는 아이디어에 대한 부분을 공격하고 광고인은 이를 수비합니다. 이 수비가 강력해야 아이디어를 지켜낼 수 있으니까요. 치과 원장님들의 공격은 예상외였습니다.

"지금까지는 우리가(치과 의사) 말하고 싶었던 것을 광고했어요. 그러니 이번에는 외부인의 관점에서 보는 우리를 광고해보는 것도 좋겠네요."

철옹성 같은 광고주, 보수적이어서 현상 유지만 하자는 광고주를 조금씩 변화시켜갈 때 그때의 짜릿함은 이루 말할 수 없습니다. 이럴 때는 마치 나에게 전혀 관심 없는 이성에게 한 프로포즈가 통한 느낌입니다. 그들은 통 크게도 1년 치 광고를 '네가 알아서 해봐!'라는 식으로 맡겨주셨습니다. 광고주의 간섭이 없을 때 진짜 좋은 광고가 나옵니다. 이렇게 만들어진 광고는 대구 시내의 치과와 옥외 광고판에 설치되어 돌아다녔습니다. 치과와 환자들 사이의 간 금이 본드로 조금씩 붙여가는 듯했습니다.

치과 의사는 정말 똑똑한 분들입니다. 제가 만난 원장님들도 항상 전교에서 1~2등을 했다고 하더군요. 하지만 반에서 꼴찌 한 환자를 1등한 의사가 이겨낼 수 없습니다. 그것이 시장입니다. 그리고 시장은 지구에서 가장 냉정한 곳입니다. 아무리 똑똑해도 소비자를 이겨낼 브랜드는 없습니다. 있더라도 내일 당장 망하겠지요. 자신의 사회적 위치가 높다고 생각하시나요? 그렇다면 낮아지세요. 내려와 주세요. 진심으로 낮은 자세로 고객을 섬기세요. 소비자가 '어떻게 해서든 내 돈을 가져가려고 하는구나!'라고 느끼면 실패입니다. '이들이 정말 우리를 아끼는구나. 우리가 원하는 것이 무엇인지 고민하는 브랜드구나'라는 것을 느끼게 해주세요. 고객이 그 마음을 느끼는 순간 당신 브랜드에 마음을 엽니다. 지갑도 더불어서 말이죠.

소비자에게 눈을 떼지 마라

Can't take my eyes off customers

오늘도 누군가는 치킨집을 창업하고 곧 망할 예정입니다. 내일은 누군가 카페를 열고 곧 폐업할 예정입니다. 시작부터 망할 생각을 하면 너무 비참합니다. 도대체 왜 팔리지 않을까요? 마음이 동하지 않기 때문입니다.

광고회사를 창업하고 "왜 팔리지 않을까요?"라며 정말 이해되지 않는다는 식으로 묻는 광고주를 많이 만났습니다. 그런 분들의 특징은 자신의 브랜드에 대한 자존심이 너무 강하다는 것입니다. 본인의 마음이 너무 높아 고객의 마음과 맞추지 못하는 것입니다. '우리 제품이 이만큼 좋은데 왜 몰라주지?', '사람들은 정말 바보야. 이렇게 좋은 제품을 두고 사지 않으니'라고 생각합니다. 고객과 눈이 맞을 리가 없습니다. 무릎을 꿇고 엎드려 고객과 눈을 맞추기는커녕 더 높은 곳을 보고 있습니다. 눈이 맞지 않는데 마음이 동할 리가 없습니다. 말 그대로 동상이몽입니다.

교육청 광고는 왜 항상 실패할까?

동상이몽 정신은 사기업에만 국한되지 않습니다. 관공서 역시 마찬가지입니다. 교육청 광고를 한번 떠올려 보세요. 어떤 이미지가 그려지나요? 잔디밭 위에서 남녀 학생이 책을 읽으며 서로 미소 짓는 모습이 떠오를 것입니다. 완벽한 거짓말이죠. 이건 학생들의 모습이 아니라 어른들이 바라는 아이들의 모습입니다. '학생은 이렇게 자라야 해!'라는 규칙을 정해주는 것이죠. 당연히 학생들은 이런 메시지에 반응하지 않습니다. 자신들의 모습과는 전혀 동떨어진 모습에 고개를 돌릴 뿐이죠. 이렇게 눈을 맞추지 못하는 기성세대의 모습 때문에 많은 공익 광고들이 실패합니다. 교화하려 하고 가르치려는 순간 사람들은 거부감을 느낍니다.

그러던 중 인천시교육청에서 의뢰가 왔습니다. '인재의 천국'이라는 카피가 기억에 남으셨는지 다행히도 다른 일까지 맡겨주신 거죠. 인천의 교육에 포커스를 맞추는 것이 맞지만 저희는 아이들에게 집중했습니다. 학교에 다니며 아이들이 가장 잘 배워야 하는 것이 뭘까 고민했습니다. 그것은 수능에 나오는 국영수가 아니었습니다. 아이들이 공부해야 할 것은 바로 자기 자신이었습니다. 그리고 자신에 대해 공부하면 어떻게 될까 상상해봤습니다. 그때 비로소 아이들의 눈이 가장 빛날 것으로 생각했습니다. 하기 싫은 공부로 야자를 채우면 아이들의 눈이 얼마나 흐리멍덩할까요? 그렇지만 자신에 대해 공부하고 자신이 언제 행복한지 알아간다면 그때 아이들의 눈이 가장 빛나겠죠.

제가 좋아하는 영어 중에 'Enlightening'이라는 단어가 있습니다. 명사를 꾸며주는 형용사로 '계몽적인, 밝혀주는'이라는 뜻입니다. 굉장히 교육적인 단어라고 생각하는데 '밝혀주는'이라는 뜻이 참 좋습니다. 공부의 즐거움이 잘 녹여져 있습니다. 모르는 것을 알아갈 때, 어떤 문제에 관한 통찰을 얻었을 때 깜깜했던 눈앞에 불이 켜진 것처럼 기쁩니다.

눈이 반짝인다. 눈에 불이 켜진다는 아이디어를 아이들에게 적용하고 싶었습니다. 톤앤매너는 최대한 '병맛'으로 갔습니다. 아이들은 진지한 교육청 광고에 고개를 돌리며 그런 콘텐츠는 소비되지 못하기 때문입니다. 아이디어는 이렇습니다. 길바닥에 떨어진 '인천교육'이라는 책에서 빛이 새어 나옵니다. 마치 책을 열어보면 램프의 요정 지니가 나올 것 같은 느낌입니다. 학생은 책을 펼쳐보고 그 속에 빠져듭니다. 책에서 얼굴을 떼니 눈에서 빛이 나오기 시작합니다. 어두웠던 세상이 너무 밝아 보이는 거죠. 오른쪽을 봐도 빛이 나고 왼쪽을 봐도 빛이 납니다. 하늘을 향해 고개를 드니 눈에서 나오는 불빛이 밤하늘까지 밝혀버립니다. 그러면서 카피가 나옵니다.

교육이 인천을 더 빛나게

● 세상은 어둡습니다. 하지만 우리 아이들이 그것을 밝혀줄 수 있다고 봤습니다.

● 교육청의 책을 본 후 빛이 나오는 아이의 눈. Enlightening(밝혀주다, 계몽하다)의 뜻을 담았습니다.

● 왼쪽을 봐도, 오른쪽을 봐도 여전히 눈에서 빛이 나오는 인천의 아이들

아마 눈에서 빛이 나오는 교육청 광고는 인천이 처음이었을 겁니다. 인천시 교육청과 한 작업을 돌이켜보면 공통점이 있습니다. '인재의 천국'은 줄임말을 활용했습니다. '교육이 인천을 더 빛나게'는 눈에서 빛이 나오는 걸 찍었습니다. 둘 다 어른 취향이 아니라 아이들의 취향을 고려했다는 점입니다. 지금까지 기억에 남는 교육청 광고가 없는 이유는 어른들의 취향에 맞췄기 때문입니다. 줄임말 역시 요즘 아이들이 워낙 많은 말을 줄여 쓰기 때문에 쓴 카피입니다. 눈에서 불이 나오는 설정도 지극히 아이들의 눈높이를 맞춘 거죠.

타깃팅의 한국말은 눈 맞춤

마케팅 용어 중에서 가장 중요한 단어는 '타깃팅'입니다. 이 화살을 누구에게 쏠 것이냐는 문제입니다. 그리고 타깃팅을 한국어로 번역하면 '눈 맞춤'이라고 생각합니다. 이 브랜드가 과연 누구에게 눈을 맞출 것이냐는 문제인 거죠. 여전히 많은 브랜드가 타깃팅은 단순히 나이, 취미, 성별, 지역이라고만 생각합니다. 하지만 타깃팅은 단순히 그렇게 정의할 수 없습니다. 타깃팅은 우리 브랜드가 얼마나 키를 낮추어 고객들을 바라볼 수 있냐는 문제입니다.

세상에는 서장훈처럼 2미터가 넘는 사람도 있고 이수근처럼 165센티미터의 사람도 있습니다. 서장훈이 키를 낮추지 않으면 이수근은 보이지 않습니다. 이수근이 고개를 들지 않으면 서장훈의 배밖에 보이지 않습니다. 기네스북에는 이런 기록이 있습니다. 여자의 키가

● 실제로는 963그램의 무게지만 도료 작업의 오차를 고려해 980그램으로 광고를 한 LG. 브랜드의 대표적인 착한 마케팅의 사례로 손꼽힙니다. 출처: LG전자 홈페이지

2미터 11센티미터, 남자의 키가 149센티미터인 세계에서 가장 키 차이가 크게 나는 기록입니다. 무려 62센티미터의 키 차이지만 이들은 서로 사랑합니다. 62센티미터가 차이 나지만 여자가 키를 낮추고 남자가 발을 들면 눈을 맞출 수 있습니다. 저는 이런 사랑이 마케팅과 많이 닮았다고 생각합니다.

모든 브랜드가 광고에서 "고객님 사랑합니다"라고 말합니다. 하지만 진심으로 사랑하는지 아닌지는 그들의 마케팅 방식을 보면 알 수 있습니다. LG가 그렇습니다. 2014년 LG는 1킬로그램도 되지 않는 무게의 노트북을 출시합니다. 광고에서는 980그램이라고 밝혔지만, 실제 측정에서는 963그램밖에 나오지 않았던 거죠. 이에 한 신문사의 기자가 LG에 직접 문의했고 그들은 이런 답변을 내놓았습니다. '노트북 도료 분포에 대한 오차와 저울의 오차를 고려해 980그램으로 무게를 표기했다' 이 글이 포스팅된 페이스북엔 '좋아요' 수가 폭발했고 기업 이미지는 상승했습니다.

LG가 음식점은 아니지만 사실 대부분 음식점이 메뉴 속 사진과 실제는 차이가 큽니다. 그리고 그때부터 소비자의 실망은 시작됩니다. '메뉴판 속에는 또는 광고판 속에는 참 먹음직스러운 음식이었는데 시켜보니 아니네.' 한 번은 오겠지만 두 번 오고 싶지는 않은 것입니다. 하지만 LG는 달랐습니다. 오히려 제품의 스펙이 광고보다 더 좋았던 것입니다. 바로 이런 마케팅이 고객과 눈높이는 맞추겠다는 지독한 노력의 결과입니다. 광고에서 달콤한 숫자로 속이지 않고 고객과 만나겠다는 고집스러운 노력입니다.

반면 최근 코로나를 이용한 나쁜 마케팅의 사례도 있습니다. 가습기나 공기청정기와 같은 브랜드가 코로나 바이러스를 제거한다는 허위 주장을 하는 마케팅이 바로 그것입니다. 이럴 때 바로 그 기업의 정체성이 탄로 납니다. 사람들이 두려워하는 대상을 무기 삼아 허위 광고를 한다는 것은 그 중심이 고객이 아닌 자신들에게 있다는 뜻입니다. 고객과 눈 맞출 필요 없고 고객들이 사다리를 타고 올라와 자신들에게 눈을 맞추라는 갑질입니다. 당연히 그런 브랜드가 오래 갈 리가 없습니다.

요즘 시대는 브랜드보다 소비자가 더 똑똑합니다. 그래서 브랜드는 당연히 고객이 우리보다 훨씬 머리가 좋다는 생각으로 만들어야 합니다. '고객이 우리 머리 꼭대기에서 우리가 하는 짓을 보고 있다. 뛰어봤자 고객의 손바닥 안'이라고 생각해야 합니다. 그렇게 생각하다 보면 당연히 그들과 눈을 맞추기 위해 겸손해집니다.

기억하세요. 브랜드의 중심은 그 브랜드를 사랑해주는 고객에게 있어야 합니다. 그리고 광고에서 브랜드가 하고 싶은 말을 하는 것 같지만 사실은 고객이 듣고 싶은 말을 해야 합니다. 그래야 고객은 광고를 듣고 봅니다. 잘난 척만 하는 사람 곁에는 아무도 가지 않습니다.

심리상담가는 이런 말을 합니다. "제 역할은 특별한 것이 없습니다. 그저 고민을 잘 들어주기만 해도 내담자분들은 많이 좋아하세요" 광고도 마찬가지입니다. 말하기인 것 같지만 사실 광고는 듣기입니다. 우리가 이렇게 당신의 목소리를 들을 준비가 되어 있다는 힌트를 주는 것입니다. 팔리는 광고를 하고 싶다면 키를 낮추세요. 그리고 바짝 엎드려 고객과 눈 맞춤하세요. 그리고 그들이 원하는 것이 무엇인지 심각하게 눈동자를 바라보세요. 팔리는 마케팅은 거기서 시작합니다.

그저 사람을 도우라

사람의 마음을 만지는 광고

사람들은 물건을 팔기 위해 광고를 만듭니다. 그리고 팔지 못합니다. 참 아이러니하지요? 세상에 물건을 팔기 싫어서 광고를 만드는 사람은 없을 텐데 말이죠. 그 이유는 사람들이 더 이상 광고에 속지 않는 시대가 왔기 때문입니다.

고등학교 때 대구 반월당에 있는 대형 학원에 다녔습니다. 그때 봤었던 학원 광고 카피가 아직도 기억이 납니다. '짚신벌레도 이해할 강의!' 지금이야 이런 카피를 쓰면 욕부터 먹겠지만 그때는 통했습니다. '정말 바보도 이해시킬만한 강의인가 봐!'라며 마치 저를 위해 쓴 카피인 것 같은 느낌을 받았습니다. 저와 제 친구들은 이 카피를 보고 우리에게도 희망이 있다며 기뻐했습니다. 하지만 교육 수준이 높아지면서 더 이상 사람들은 광고를 믿지 않기 시작했습니다. 그때부터 마케팅 회사의 첫 번째 미션은 광고 같지 않은 광고 만들기가 되었습니다.

제주지방경찰청에서 연락이 왔습니다. 초등학교 주변이 깜깜해 범죄가 우려된다는 의뢰였습니다. 사실 경찰청에서 광고 의뢰가 들어오면 고민이 앞섭니다. 경찰은 영원한 '을'의 이미지이기 때문입니다. 사실 경찰과 같은 공무원이 사회적으로 칭찬받는 경우는 거의 없습니다. 잘하면 본전이고 못하면 사회적으로 비난 받기에 십상입니다. 공무 기관 광고 역시 마찬가지입니다. 정말 멋진 광고가 아니라면 여론의 비난을 피하기가 쉽지 않습니다. '세금 낭비다! 우리의 혈세를 돌려달라!'는 댓글로 도배되기 마련입니다. 저는 경찰청에서 만드는 멋진 광고가 무엇인지 고민했습니다. 그들에게 멋진 광고란 단순히 디자인이 휘황찬란한 것이 아닐겁니다. 공무 기관이 만드는 멋진 광고란 그저 사람들에게 이로운 것이라고 믿었습니다. 광고가 아닌 사람들의 삶을 진정으로 돕는 것이 가장 멋진 광고라고 말이죠.

범죄율을 떨어뜨리는 이미지 한 장

그렇게 저는 범죄와 관련된 논문과 기사들을 찾아보며 아이디어 수집에 나섰습니다. 비행기를 타고 제주도로 날아가 어두운 밤에 현장을 걸어보기도 했습니다. 사실 성인인 저도 깜깜한 거리를 걸으니 무서웠습니다. 주변을 환하게 밝히는 불빛이 간절했습니다. 그렇게 자료 조사와 논문 검색 중에 경찰 이미지 하나가 범죄율을 떨어뜨린다는 사실을 발견했습니다. 그리고 약한 불빛이라도 있다면 범죄 예

● 범죄율을 낮추는 경찰관 이미지와 범죄 예방에 효과가 있는 불빛, 이 두 가지를 섞어 경찰관이 불빛을 들고 있는 이미지를 세웠습니다.

방에 효과가 있다고 하네요. 지금 생각하면 너무나 당연한 얘기지만 그때는 대단한 걸 발견한 것처럼 엄청 기뻤던 기억이 납니다. 덕분에 아이디어는 쉬워졌습니다. 경찰과 불빛이 범죄율을 낮춘다면 경찰이 불빛을 들고 있으면 해결되기 때문입니다. 그렇게 일은 일사천리로 진행되었습니다. 제주지방청의 전체를 통틀어 가장 핸섬한 경장님의 이미지를 담벼락에 올렸습니다. 커다란 손전등을 들게 한 채로 말이죠. 이미지의 효과는 역시 달랐습니다. 커다란 경찰이 생기니 거리에 무게감이 생겼습니다. 게다가 불빛을 들고 있으니 주변이 훨씬 밝아졌습니다.

이런 형식을 '셉테드'라고 합니다. 셉테드란 도시 환경을 설계하여 범죄를 예방하는 기법을 의미합니다(출처: 네이버 국어사전). 영화에서 아파트를 타고 올라가는 좀도둑을 본 적이 있을 것입니다. 아파트 건축 디자인을 통해 그것을 예방하는 것을 셉테드 기법이라 볼 수 있습니다. 예를 들어 아파트 건축 설계도를 건설사와 경찰들이 함께 연구해 아파트 저층의 경우 배관이나 입구 디자인을 다르게 해 범죄에서 벗어나게 하는 것이죠. 그뿐만 아니라 초등학교 등굣길을 아이들이 잘 보이도록 노란색 페인트로 칠한다든지 골목길에 벽화를 그리는 것 역시 셉테드 디자인입니다. 이처럼 착한 광고의 시대가 왔습니다.

아이러니하게도 저는 팔기 위해 광고를 만들지 않았습니다. 어떻게 하면 광고가 아닌 것을 만들 수 있을까 고민했습니다. 광고가 아닌 그저 사람을 돕는 것, 광고주가 주인공이 아닌 사람을 주인공으로 만드는 것에 집중했습니다. 결과는 기대 이상이었습니다. 우선 어린이와 여성들이 미소짓기 시작했습니다. 어두웠던 골목에 커다란 경찰 이미지가 있으니 왠지 안심되었습니다. 게다가 그 경찰이 불을 비추고 있으니 거리가 환해졌습니다. 마음 놓고 그 거리를 다닐 수 있게 된 겁니다. 경찰의 셉테드 아이디어는 이렇게 팔렸습니다. '경찰들이 시민의 안전에 관심이 있구나! 시민의 혈세로 허튼짓하는 줄 알았는데 머리 잘 썼다'라는 평이 이어졌습니다.

사람들이 힘든 때가 광고해야 할 때다

단어만 들어도 오줌을 지릴 것 같습니다. '코로나19'가 바로 그 단어입니다. 자영업자들에게, 사업가들에게, 소상공인들에게 이 단어는 죽음만큼 무서웠습니다. 실제로 코로나는 우리를 죽음 문턱까지 데려갔습니다. 돈이 돌지 않으니 직장과 가정은 무너져갔습니다. 음식점은 문을 닫았고 학교는 개강조차 못 했습니다. 실제로 2020년 3월 28일, 대구 황금네거리에서 한 50대 남성이 분신자살을 시도하기도 했습니다. 코로나로 인한 생활고 때문이었습니다.

그러던 중 황금연휴가 찾아왔습니다. 석가탄신일부터 근로자의 날까지 4일간의 연휴를 선물 받았습니다. 연휴의 토요일 밤 지인과 동성로의 한 골목에서 술자리를 가졌습니다. 의도치 않았지만 하필 그곳은 클럽이 많은 골목이었습니다. 그 골목은 더 이상 코로나의 흔적을 볼 수 없었습니다. 마스크를 하지 않은 사람도 다수였습니다. 대구의 20대는 모두 그 골목으로 집합한 듯했습니다. 그곳에 끼어 있었던 마흔인 나는 혹시 20대들의 심기를 해칠까 맨 구석 자리에 가서 조용히 술을 들이켰습니다.

갑자기 얼마 전 의뢰받은 광고 생각이 났습니다. 대구시청 청년정책과의 '생활 방역' 광고가 바로 그것이었습니다. 사회적 거리 두기를 넘어 이제는 생활 자체가 방역되어야 한다는 것을 알리고자 했습니다. 우리 팀은 '우리나라 역사상 가장 강한 인물이 누구일까?' 고민했습니다. 그 결과 찾은 사람이 이순신 장군이었습니다. 그토록 강한 사람도 마스크를 쓴 모습을 보여주고 싶었습니다. 심지어 그는 우리

나라를 구하기까지 했으니까요.

당신도 나라를 구할 수 있습니다

이제는 마스크에 대한 인식 재정립이 필요했습니다. 아직도 마스크는 부수적인 것으로 생각하는 그 인식을 바꿔야 합니다. 그래서 '이제 마스크가 옷입니다'라는 카피를 썼습니다. '우리에게 더 이상 마스크는 마스크가 아니다. 마스크는 이제 옷이다. 외출할 때 옷을 입는 것처럼 마스크를 입어야 한다'라는 것을 어필했습니다.

술자리 후 지인들과 골목을 조심스레 빠져나왔습니다. 그러면서 이런 생각이 들었습니다. '이렇게 놀다가 코로나가 다시 오면 어떡하지?' 직원들 앞에서 "이번 달은 일감이 없어서 월급을 못 주겠다"라고 말하는 모습은 생각하기도 싫습니다. 어려운 시기를 지날 때는 모두가 힘을 합쳐야 합니다. 이때야말로 광고가 큰 도움을 줄 수 있습니다. 사람들이 지쳐서 위로가 필요할 때, 그때가 정말 광고가 필요할 때입니다. 광고로 사람들의 마음을 만져주세요. 광고를 선한 곳에 써주세요. 그리고 사람의 마음을 하나로 모아주세요.

● 가장 강하고 가장 무서운 사람을 찾아봤습니다. 그리고 그가 마스크를 낀 모습을 보면 사람들이 더 조심하지 않을까 생각했습니다. '이순신 장군도 끼는데 네가 뭔데 안 끼니?' 라고 말이죠.

● 이제 마스크를 쓰는 건 기본인 때가 왔습니다. 문제는 제대로 안 쓰는 것에 대한 인식이지요. 턱스크, 코스크를 예방하기 위한 광고를 제작했습니다.

진실을 말하라

경쟁 브랜드도 배려하는 진정성

《광고인의 생각 훔치기》라는 책을 쓰고 행복한 시간을 보냈습니다. 메일함을 열어보면 항상 독자의 편지가 와 있었습니다. 블로그에 접속하면 독자의 글이 남겨져 있었습니다. 그중 가장 기억에 남는 글은 '광고를 만나고 살고 싶어졌다'라는 광고인 지망생의 연락이었습니다. 제 책을 읽고 부정적인 상황을 긍정적으로 바라보는 연습을 하게 되었다고 했습니다. 책이 누군가의 인생에 영향을 끼칠 수 있다는 걸 실감하게 되었습니다.

더불어 책은 제게 좋은 사람들을 소개해주었습니다. 어느 날, 경주에서 전화 한 통이 걸려왔습니다. 본인을 작은 빵집을 운영하는 사장님이라고 소개하셨습니다. 제 책을 읽었는데 한번 만나고 싶다는 전화였습니다. 빵집 광고는 한 번도 해본 적이 없었던 터라 저의 호기심이 발동했습니다. 빵이라는 주제는 단어의 어감도 재미있고 기발하게 만들 만한 거리가 많은 주제였습니다.

미팅 날, 경주에서 저희 사무실까지 오신 사장님은 지극히 평범함 50대 아저씨셨습니다. 하지만 대화를 하면서 큰 반전이 있었습니다. 그 사장님이 바로 경주 찰보리빵을 최초로 개발하신 분이었습니다. 경주에만 지점이 5개이고 서울교대점, 제주도까지 총 7개의 매장을 보유하고 계셨습니다.

미투 브랜드와 경쟁하는 법

경주하면 찰보리빵이 먼저 떠오릅니다. 그리고 경주 시내를 5분만 운전해도 숱한 찰보리빵집을 볼 수 있습니다. 사장님이 가져오신 문제는 바로 거기에 있었습니다. 자신이 최초로 개발한 찰보리빵을 남들이 따라 하면서 원조의 개념이 퇴색된 것처럼 느낀 것이지요. 사장님 입장에서는 도둑질을 당한 듯한 느낌이 드셨을 겁니다. 저는 컨설팅 때 '단석가 찰보리빵'이 그 원조라는 것을 광고에서 강하게 어필하자는 제안을 했습니다. 하지만 사장님의 생각은 달랐습니다. 그분들도 먹고살아야 하니 경쟁자에게 부정적인 영향을 주지는 말자고 하시더군요. 순간 고개가 절로 숙여졌습니다. 그리고 역시 '많은 매장을 운영하시는 데에는 그만큼 넓은 마음이 있구나'라는 생각이 들었습니다.

사장님은 제게 더 어려운 숙제를 주신 셈입니다. 경쟁자에게 부정적인 프레임을 씌우지 않으면서도 원조의 느낌을 줘야 했으니까요. 대구로 돌아온 뒤에도 고민은 계속되었습니다. 제 경험상 브랜드는 그 브랜드를 만든 사람을 닮아갑니다. 그리고 광고 역시 그 광고주를 닮은 작품이 나옵니다. 작업하며 염려는 되었지만 걱정은 되지 않았습니다. 그 사장님을 꼭 닮은 착한 광고가 나올 것 같았거든요.

광고 작업 중 지인에게 전화가 왔습니다. 저는 어떤 브랜드를 맡게 되면 주변 사람들에게 알리는 편입니다. 그럼 그 브랜드에 대한 타인의 인식도 알게 됩니다. 그리고 예상치 못한 아이디어도 얻게 되죠. 제가 찰보리빵 광고를 맡은 걸 알고 온하우스의 신세원 대표님께서 연락이 왔습니다.

"소장님이 찰보리빵 광고 맡았다고 하셔서 경주가서 사보려고 했는데요. 와….찰보리빵 가게가 너무 많아서 도저히 못 찾겠더라고요. 결국 아무 데나 들어가서 하나 사 먹고 나왔어요."

이것이 단석가 찰보리빵이 가진 가장 큰 문제였습니다. 아무리 광고해도 단석가가 브랜딩 되지 않으면 광고비는 허사인 셈인 거죠. 그래서 저희는 20년 가까이 써온 로고를 다시 만들자는 제안을 했습니다. 경주에 가면 어차피 찰보리빵이 넘쳐나니 찰보리빵을 강조해봤자 One of Them 브랜드가 될 뿐이었습니다. 새롭게 개발한 로고에서 단석가를 부각시키고 '찰보리빵=단석가' 인식을 만들고자 한 것이지요. 그리고 기존에 써오신 '찰보리빵 발명한 집'이라는 슬로건 역시 손을 봤습니다. '발명'이라는 단어는 왠지 제품 같은 딱딱한 느낌이 들어 우리는 '탄생'이라는 워딩으로 생명의 이미지를 줬습니다. 탄생이 발명보다 훨씬 고결하고 축복받은 느낌을 준다고 판단했습니다.

두 번째 문제는 원조에 대한 인식이었습니다. 사실 '원조'라는 워딩은 식상합니다. 춘천에만 가도 간판에 원조가 들어가지 않는 닭갈비집이 없을 정도이지요. 원조라는 단어를 배제하고 어떻게 원조인 것을 알리느냐가 문제였습니다. 거기에 경쟁자에게 최소한의 배려를 해달라는 사장님의 요청까지 있으니 더욱 풀기 힘든 문제였습니다. 고민 중에 예전에 미국에서 배웠던 잠재의식 광고(Subliminal Advertising)에 대해 떠올리게 되었습니다. 1958년 미국 뉴저지주의 제임스 비카리(James Vicary)라는 사람의 영화관 실험이 그 예입니다. 그는 영화의 장면 사이에 'Drink Coke!(코카콜라를 마셔라!)'라는 자막을 삽입해 그 판매량을 측정했습니다. 후에 영화를 관람한 사람들이 더 많은 콜라를 구입했다는 결과가 나온 것이지요. 그 뒤로 잠재의식 광고라는 명칭이 생겼습니다. 쉽게 말해 밤에 유튜브를 보다 치킨 광고를 보게 되면 치킨이 먹고 싶어지는 것과 같은 이치입니다.

저는 이런 심리를 찰보리빵에 적용하고 싶었습니다. 찰보리빵을 만나는 그 순간에 강력한 메시지를 줘서 원조임을 인식시키고자 했습니다. 사람들은 찰보리빵을 만지기 전에 패키지를 먼저 만지게 됩니다. 패키지를 먼저 보고 열어보고 비로소 찰보리빵을 맛보게 되는 것이지요. 우리는 '처음 탄생한 찰보리빵은 어떤 맛일까?'라는 카피를 패키지에서 전면으로 내세웠습니다. '단석가가 찰보리빵의 원조다!'라는 강한 메시지보다 조금 우회하는 메시지를 노출했습니다. (경쟁자의 기분도 생각하자는 사장님의 배려도 이 카피를 쓰는데 한몫했습니다) 그리

● 카피에 의도적으로 빈칸을 두었습니다. 사람들은 빈칸을 보면 의식적으로 무언가를 채워야 한다는 생각을 하기 때문입니다. 하지만 채워야 할 것은 없습니다. 다만 소비자의 존재가 그 빈칸을 채우는 역할을 합니다.

고 카피의 중간마다 밑줄을 그어 호기심을 자극했습니다. 우리는 어렸을 때부터 정답을 맞혀야 하는 교육을 받았습니다. 빈칸이 있으면 정답이 무엇일까, 밑줄이 있으면 정답이 무엇일까 본능적으로 고민하게 되는 거죠. 그렇게 카피 사이에 밑줄을 그어두었습니다. 하지만 빈칸에 들어갈 말은 없습니다. 단지 그 밑줄의 빈칸을 소비자에 채워주길 바랬던 거죠. 그리고 '어떤 맛일까?'라는 워딩이 원조의 맛을 더욱 궁금하게 만들 것으로 생각했습니다.

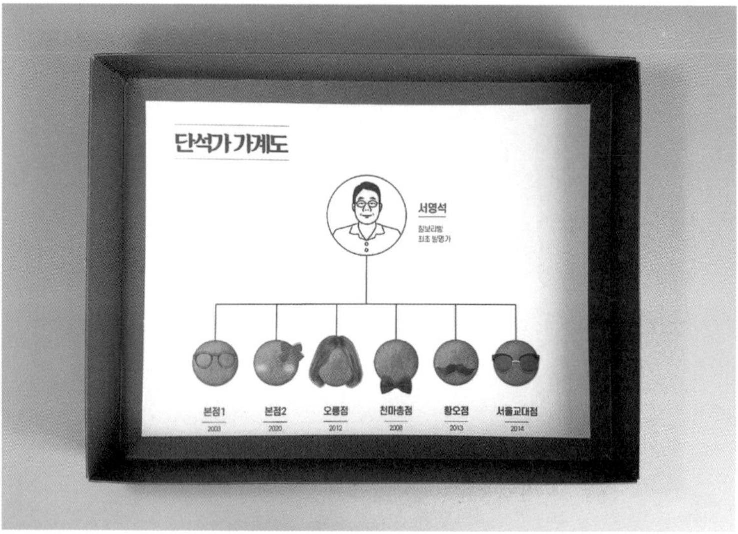

● 빵이 아니라 자식입니다. 가계도로 표현하면 그 마음이 잘 전달될 것 같았습니다.

브랜드를 사람에 비유하라

그렇게 패키지 박스를 열면 또 하나의 재미를 만나게 됩니다. 탄생이라는 워딩을 써서 생명력을 부여했으니 가계도를 보여주면 좋겠다고 생각했습니다. 서영석 사장님(아빠)을 필두로 7개의 매장을 자식으로 표현한 것이죠. 찰보리빵은 아빠의 사랑으로 태어난 자식들이라는 걸 보여주고 싶었습니다. 거기에 더해 트레이싱지에 돌잔치 사진을 넣어두었습니다. 보통 우리가 돌잔치 사진을 찍을 때 의자에 앉아서 찍는데 아이 대신 찰보리빵을 안쳐둔 거죠. 소비자 입장에서 '아! 여기 사장님이 찰보리빵을 정말 자식처럼 생각하는구나!', '그럼 하나를 만들어도 허투루 만들지 않겠네!' 이런 생각을 끌어내고

● 경주의 찰보리빵집 간판은 모두 비슷하게 생겼습니다. 우리는 이미지를 활용해 경쟁 브랜드와 반대의 길을 갔습니다. 차별성이 생기니 팔리기 시작했습니다.

싶었습니다.

그리고 마지막으로 시그니처 이미지 하나가 필요했습니다. 찰보리빵에 공갈 젖꼭지를 물리는 이미지였습니다. 찰보리빵은 동그랗게 아이의 얼굴처럼 생겼습니다. 거기에 공갈 젖꼭지를 물리니 정말 생명이 탄생한 듯한 느낌이 났습니다.

만반의 준비를 끝내고 우리는 시장이라는 전쟁터로 나갔습니다. 로고가 새롭게 나오면서 7개 지점의 간판을 싹 다 교체했습니다. 그리고 패키지, 쇼핑백, 명함까지 다시 브랜딩을 했습니다.

더 예뻐진 얼굴로 손님을 맞이하니 팔리기 시작했습니다. 경주에 찰보리빵은 다 똑같다는 인식을 불태워버렸습니다. 원조를 말하지 않았지만 소비자들이 눈치채도록 했습니다.

이번 작업을 통해서 소비자는 진실에 반응한다는 단순한 진리를 깨달았습니다. 마케팅이 시작된 이래로 지금처럼 똑똑한 소비자를 상대해야 하는 시대는 없었습니다. 바로 지금 소비자의 지적 능력은 최고조에 달해 있습니다. 낚시성 멘트로 소비자를 현혹하는 것에는 한계가 있습니다. 그들은 이제 너무 똑똑해서 거짓을 금방 눈치챕니다. 그럼 전략은 단순합니다. 거짓으로 포장하지 말고 진실을 말하는 것입니다. 소비자에게 진심으로 말하세요. 그 진실 앞에 소비자의 마음은 비로소 무장해제 됩니다.

브랜드도 화장을 해야 팔린다

로고는 브랜드의 얼굴과 헤어스타일

브랜드를 맡을 때마다 종종 '브랜드도 사람과 똑같구나'라고 생각이 들곤 합니다. 우리가 어떤 사람을 만날 때, 얼굴은 강력한 이미지가 됩니다. 얼굴의 인상으로 그 사람의 성격을 추측하기도 하지요. 배우 안성기 씨를 보면 어떤 고민도 들어주는 따뜻한 사람일 것 같습니다. 반면 배우 마동석 씨를 보면 강력한 힘이 느껴집니다. 그래서 안성기 씨와 마동석 씨가 서로의 이미지를 바꿔 갖는 일은 꽤나 쉽지 않습니다. 우리가 브랜드를 대할 때도 마찬가지입니다. 브랜드의 얼굴을 보고 그 브랜드를 판단하게 됩니다. 이때 우리가 생각하는 브랜드의 얼굴은 바로 CI(Coporated Identity, 로고)입니다.

자, 지금 머릿속에 어떤 브랜드를 떠올려볼까요? 나이키, 스타벅스, 애플이라는 브랜드를 생각해봅시다. 어떤 브랜드를 떠올리는 순간 가장 먼저 머릿속을 차지하는 것이 CI일 겁니다. 이런 이유로 기업은 브랜드 로고에 목숨을 겁니다. 삼성 역시 브랜드 로고에 수억 원을 들였다는 것은 유명한 얘기입니다. 애플은 스티브 잡스의 혁신적인 정신이 들어가 있습니다. 로고에 그 브랜드의 철학과 정체성이 고스란히 녹아 있어야 하기 때문이죠.

로고, 그 브랜드의 처음이자 끝

'DIMF(딤프)'라는 브랜드가 있습니다. 대구국제뮤지컬페스티벌의 약자인데 지금은 대구를 대표하는 브랜드가 되었습니다. 2006년에 시작해 전 세계의 프로덕션과 공연관계자, 시민을 아우르는 아시아 최초의 국제뮤지컬페스티벌이 매년 대구에서 열리고 있는 셈이지요. 특히 2019년에는 아이돌 그룹 EXO의 수호가 홍보대사를 하면서 아시아 팬들에게 어필되기도 했습니다. 그런 이유로 딤프 페스티벌이 있을 때는 거리에 외국인이 더 많이 보입니다. 그 정도로 대구에서 딤프가 차지하는 브랜드 파워는 강했습니다.

하지만 명성에 걸맞지 않게 CI가 너무 올드했습니다. 사실 그럴 만도 한 것이 CI를 개발한 지 너무 오래되어 버린 거지요. 우리가 알고 있는 스타벅스, 애플의 현재의 로고도 처음 디자인에서 조금씩 변형된 것입니다. 디자인 트랜드는 변하는데 한 가지 로고를 너무 오래 쓰면 당연히 올드하게 보이겠죠. 카페베네 역시 위기를 겪고 다시 시장에 뛰어들었을 때 가장 먼저 한 것이 로고를 교체한 것입니다. 이토록 로고는 소비자들의 인식에 큰 영향을 미칩니다.

저는 애플 로고를 볼 때마다 스티브 잡스와 대화하는 듯한 느낌을 받습니다. 애플 로고의 의미에 관해 여러 가지 설이 있습니다. 그중 사과는 인간이 취해서는 안 되는 금기라는 의미가 있는데 이는 성경 속 아담과 이브의 이야기를 빗댄 것입니다. 즉 인간이 취해선 안 되는 것을 한 입 베어 무는 것으로 표현해 혁신을 이야기 한 것이지요. 그 로고 하나에 애플의 정체성이 고스란히 녹여져 있습니다. 사람들이 나이키 로고를 보면 달리고 싶어집니다. 맥도날드 로고를 보면 배고픈 것도 이런 이유입니다.

딤프는 외국인이 찾는 브랜드인 만큼 시각적인 어필이 필요했습니다. 딤프의 로고만 봐도 '아! 뮤지컬 축제구나!'라는 느낌을 줘야 했습니다. 즉 글이 없이도 시각적인 언어를 전달할 수 있어야 했습니다. 하지만 수 년 전에 개발한 딤프의 로고는 그 점이 부족했습니다.

저는 CI 작업의 영감을 얻기 위해 딤프에 참석했습니다. 운 좋게도 세계적인 작품인 〈두란도트〉를 두 눈으로 볼 수 있는 기회를 얻었습니다. 난생처음 본 뮤지컬의 홍분은 대단했습니다. 불이 꺼지고 조명이 켜질 때 홍분은 영화관과는 또 다른 묘미였습니다. 그 순간 이런 생각이 들었습니다. '이 조명이 뭐라고 사람을 이토록 홍분시키나?' 어둠을 뚫고 나오는 빛은 우리에게 큰 임팩트를 준다는 느낌이 들었습니다. 아이디어는 바로 거기에 숨어 있었습니다. '사람들은 조명에 홍분하고 박수치니 로고에 그 모습을 담자'라는 생각을 했습니다. 그렇게 로고를 만드니 누가 봐도 뮤지컬이 연상되었습니다. 외국인이 봐도 이해되는 브랜드가 완성된 것입니다.

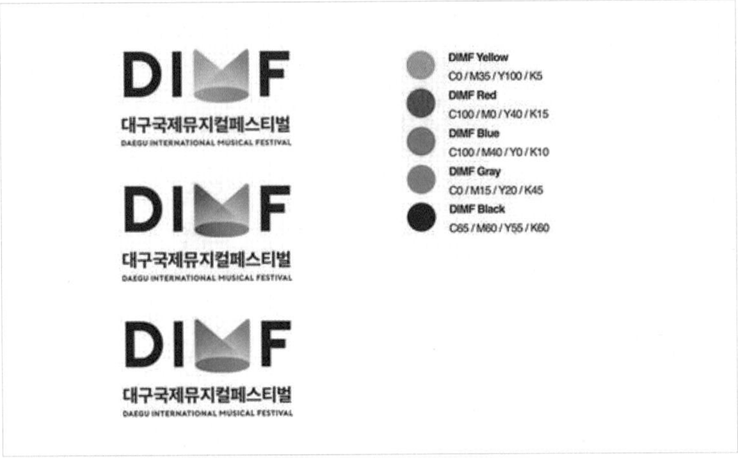

● 무대 위에서 조명이 켜질 때의 흥분감. 뮤지컬 브랜드에 그 감정을 고스란히 담고 싶었습니다.

아이디어 발표날, 딤프 사무실에 도착하니 당황스러운 장면이 연출됐습니다. 국장님께만 시안을 발표하면 될 줄 알았는데 스무 명 정도 되는 딤프의 직원들이 사무실에 앉아 기다리고 있던 것입니다. 그만큼 간절했다는 뜻이겠지요. 그들은 로고의 중요성을 정확하게 이해하고 있었습니다. 준비한 몇 가지 시안 중 딤프 팀은 역시 조명 시안에 애착을 뒀습니다. 기존의 딤프 로고에는 시각언어를 담지 못했는데 그 문제가 해결된 것 같다고 기뻐하더군요. 덩달아 저도 행복했습니다.

그렇게 아이디어는 팔렸습니다. 이번 작업을 통해 아이디어는 늘 현장에 있다는 것을 다시 한 번 깨닫게 되었습니다. 사무실 방에서 열심히 일해도 아이디어를 만날 확률은 낮습니다. '아이디어는 간절히 만나고 싶은 사람에게 나타난다'라는 진리를 깨닫게 되었습니다.

● 무대가 가장 흥분되는 공간인 점을 착안해 딤프의 영문 스펠링인 M을 무대로 형상화했습니다.

외국인들을 이해시킬 수 있으면 합격

딤프가 지나가니 호텔 브랜드가 우릴 기다리고 있었습니다. 시에서 지정한 추천 호텔인데 그 타깃은 외국인이었습니다. 시설과 서비스에서 높은 점수를 받은 호텔을 한국이 낯선 외국인에게 추천하자는 취지의 브랜드였습니다. 'I SEOUL U'와 같은 사례에서도 볼 수 있듯이 시와 함께 로고 작업을 하는 건 정말 쉽지 않습니다. 디자인이라는 것이 사람의 주관성이 강하게 작용하는 분야이니까요. 특히 공무 기관의 수직적인 특성상 하나의 디자인이 바로 통과되는 건 하늘의 별 따기만큼 힘듭니다. 주무관의 생각은 다르고 과장의 생각은 엄격하고 국장의 생각은 예상 밖입니다.

특히 우리가 이 작업을 진행할 때 '컬러풀 대구' 도시 슬로건 대참

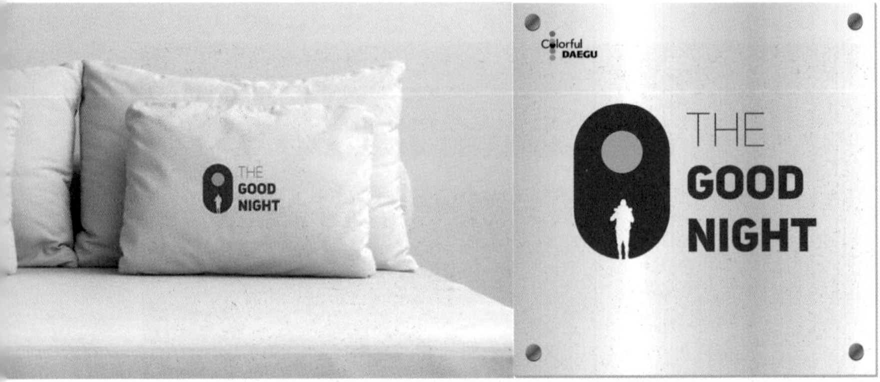

● 호텔 앞에선 배낭여행객의 모습을 그대로 담았습니다. 누가 봐도 쉬운 영어인 'GOOD NIGHT' 앞에 정관사 THE를 붙여 더 좋은 밤을 보내라는 의도 역시 표현했습니다.

사가 벌어졌습니다. 컬러풀 대구 로고를 바꾸기 위해 3억 원이 넘는 용역비가 투입되었지만 결국 로고에 동그라미 색깔 2개를 바꾸는 것으로 마무리됐습니다. 언론과 여론의 비난은 당연했습니다. 바꾸는 것을 싫어하는 대구시의 습성 때문인지 기존 로고인 컬러풀 대구는 포기하지 못한 것이지요. 이 문제로 로고 작업에 대한 심사가 굉장히 까다로워졌고 저희가 개발한 안을 모두 공론화시켜라는 지시까지 내려왔습니다. 시민들에게 물어보고 가장 호감이 가는 안에 스티커를 붙이는 식이었습니다. 그런 지시를 받으니 적잖이 자존심이 상했습니다. 디자인하는 건 전문가인데 왜 비전문가의 말에 작업이 좌지우지되어야 하는 건지 힘이 빠져버렸습니다.

'호텔 브랜드인 만큼 로고에 침대가 들어가야 한다', '이불을 덮고 자는 모습이 들어가야 한다'와 같은 의견들이 쏟아졌습니다. 저는 그분들에게 반문했습니다. 스타벅스 로고의 세이렌이 커피를 마시고

● 무한도전 멤버들이 디자인한 무한상사의 CI. 이렇듯 로고는 그 브랜드의 전부입니다.
출처: MBCentertainment 유튜브 채널

있냐고. 에어비엔비 로고에 자는 사람의 모습이 있냐고 말이죠. 만약 그랬다면 너무 촌스러워서 그들은 좋은 브랜드 이미지를 가지지 못했을 것이라고 설득했습니다. 이렇게 밀어붙여 결국 우리가 주장한 안이 통과되었습니다. 배낭 가방을 멘 사람이 문 앞에 선 모습을 디자인해 조금 더 능동적인 분위기를 줬습니다. 대구 동성로를 찾은 외국인을 볼 때마다 배낭을 멘 경우를 많이 봤기 때문입니다.

이 글을 읽는 분 중에 자신의 브랜드를 준비하는 분들이 계시나요? 소비자를 만날 준비를 하고 계시는가요? 그렇다면 미팅 자리에 꼭 세수하고 나가십시오. 그리고 헤어스타일은 단정히 하시고 화장은 매력적으로 하십시오. 여기서 세수, 헤어스타일, 화장은 로고라는 단어로 대체 가능합니다. 소비자를 만날 때 매력적이지 않은 로고를 내미는 것은 이미 승패가 정해진 게임입니다. 말하지 않아도 로고만 봐도 그 브랜드의 정체성이 담겨 있어야 합니다.

4장

소상공인, 스타트업은 어떻게 광고해야 팔리나요?

Small Business의 광고 법칙

단점을 더 큰 단점으로 만들어라

단점 속에 숨겨진
어마어마한 매력

"피가 마른다"

요즘 자영업자들의 심정입니다. 2019년 한국은 전년 대비 2.0%의 경제 성장률을 기록하며 저성장의 터널을 지나고 있습니다. 설상가상으로 코로나19가 우리의 삶을 망가뜨리고 있죠. 사람이 도는 곳에 돈도 도는데 지금은 그 혈이 막혀버렸습니다. 사실 코로나와 같은 바이러스가 우리에게 처음이 아닙니다. 사스, 메르스 등 낯선 바이러스와 마주해왔고 그때마다 우리의 삶은 고통스러웠습니다. 자, 그럼 이제부터 우리는 어떻게 움직여야 할까요? 막연히 코로나가 지나가길 바란다면 당신의 사업은 큰 희망이 없습니다. 남들 역시 그런 생각으로 하루하루 버티니까요.

이럴 때는 기회를 포착하는 사람이 살아남습니다. 그리고 이 책에서 항상 밝혔던 것처럼 마케팅 아이디어는 새로울 필요가 없습니다. 아이디어는 늘 세상에 있었고 우리는 그것을 사업에 맞게 변형시키기만 해도 됩니다. 2020년 상반기 외신들은 한국의 코로나 진료법에 대해 극찬을 했습니다. 드라이브스루 진료가 바로 그 아이디어입니다. 하지만, 드라이브스루는 없었던 아이디어가 아닙니다. 오히려 한국보다 미국에서 먼저 있었던 아이디어이죠. 한국은 그 아이디어를 진료에 접목했습니다. 차에서 내리지 않아도 되니 더 많은 진료가 가능했습니다. 환자도 의료진도 편하니 일거양득이었습니다. 최초의 아이디어는 아니지만, 한국은 그것을 우리 상황에 맞게 지혜롭게 적용한 것이지요.

아이디어 적용은 여기서 그치지 않습니다. 포항시와 포항시어류양식협회도 드라이브스루 아이디어를 적용했습니다. 드라이브스루 형식으로 회를 포장해서 판매하는 전략이었습니다. 음식은 먹고 싶은데 식당에 가는 것이 꺼려지는 불편함에서 답을 찾은 것입니다. 사람과의 접촉을 꺼리는 요즘 소비자들의 심리를 정확하게 파악한 것입니다.

포항시는 여기서 그치지 않고 다시 아이디어를 발전시켰습니다. 고객이 보는 앞에서 수족관에 있는 강도다리를 썰어 고객에게 판 것입니다. 싱싱한 횟감을 보여줘 소비자의 입맛을 돋우고 음식의 신뢰도까지 높인 것이죠. 이 아이디어는 순식간에 SNS를 통해 전파되었고 삼천 마리의 강도다리회가 3시간 만에 소진되었습니다. 오히려 코로나가 없던 때보다 훨씬 많은 회를 판매한 셈이 되었습니다.

난세에 영웅이 난다고 하지요? 지금 불경기니까 움츠려 있자는

● 위기를 기회로 만든 포항시와 포항시어류양식협회. 코로나 이전보다 더 많은 양의 회를 팔았습니다.
출처: 포항시

생각으로는 영웅이 될 수 없습니다. 그저 폐업하는 수많은 브랜드 중 하나가 될 뿐입니다. 불경기일수록 사람 공부를 많이 해야 합니다. 주도면밀하게 사람의 특성을 관찰해야 합니다. 사업주가 아니라 고객이 되어 봐야 합니다. 요즘 사람들은 밖에 나가는 것을 꺼리고 모이는 것을 피합니다. 이럴 때일수록 온라인 콘텐츠를 강화해 소비자를 더 편하게 만들어줘야 합니다. 그리고 마케팅 속에 감성적인 이미지가 있어야 합니다. 지금은 너도나도 어려운 시기라 감성적 스토리에 반응할 시기이기 때문입니다. 또한 고객들이 집에서 우리 브랜드를 어떻게 경험하게 할지 고민해야 합니다. 의식주가 담겨 있는 집에서 숨 쉬는 공기처럼 자연스럽게 당신의 브랜드를 녹여낼 방법을 고민해야 합니다.

단점을 더 큰 단점으로 만들어라

마찬가지로 어려움을 극복한 훌륭한 브랜드를 소개합니다. 호주 맬버른에는 큰 단점을 가진 샌드위치 가게가 있습니다. 보통 이런 가게들은 사람들의 방문이 쉬운 1층에 있지요. 하지만 이 가게는 7층에 위치해 오픈과 동시에 폐업이 예상되었습니다. 마케팅은 이런 극명한 단점이 있을 때 엄청난 효과를 가져오기도 합니다. 바로 단점을 극복하고자 하는 창업주의 도전 정신이 탄생할 때 말이죠. 가게의 사장은 이런 아이디어를 냈습니다. '7층은 고객들이 올라오기 힘드니 샌드위치를 던지자'라는 미친 아이디어였습니다. 샌드위치에 미니 낙하산을 달아서 1층의 고객들이 받을 수 있도록 한 전략입니다.

낙하산이라는 아이디어가 붙으니 단점이 엄청난 장점으로 변신했습니다. 1층의 고객들은 하늘만 쳐다보며 샌드위치가 내려오는 걸 기다렸습니다. 사람들은 모이기 시작했고 카메라를 꺼내 사진 찍기 바빴습니다. 온라인을 통해 이런 마케팅 방법이 퍼지기 시작했고 이 가게는 멜버른의 관광 명소로 등극한 것이죠. 거꾸로 생각해보면 이 가게의 위치가 1층이었다면 이런 대박은 힘들었을 것입니다. 7층에 있다는 단점이 미니 낙하산이라는 미친 아이디어를 탄생하게 했습니다. 고객이 재미를 느끼니 팔리기 시작한 것입니다. 익힌 샌드위치 낙하산이란 뜻을 가진 '재플슈츠'의 사례는 단점을 장점으로 바꾼 최고의 사례로 회자하고 있습니다. 혹시 당신 브랜드에도 극명한 단점이 존재하나요? 그 단점 속에는 엄청난 장점이 숨어 있을 겁니다. 단점을 현상 그대로 보지 말고 생각을 뒤집는 연습을 하세요. 고객들은

● 7층이라는 위치의 단점을 낙하산으로 극복한 호주 멜버른의 재플슈츠 사례.
출처: 유튜브 채널 Jaffle Chuttes

어느 순간 당신의 브랜드에 열광할 것입니다.

단점을 극대화시켜 불경기를 이겨낸 사례가 일본에도 있습니다. 사람들은 정말 친한 사이가 아니라면 햄버거집에 가는 것을 꺼립니다. 햄버거의 특성상 먹을 때 입가에 음식물을 묻히기 쉽기 때문입니다. 그런 지저분한 모습을 친하지 않은 사람에게 보여주기 싫은 것이지요. 일본의 'FRESHNESS BURGER'라는 브랜드는 이런 단점을 고민했습니다. 그들이 낸 아이디어는 패키지 디자인이었습니다. 패키지 디자인에 사람의 얼굴을 그려두어 햄버거가 입가에 묻는 모습을 상대에게 보이지 않도록 만든 것이죠. 햄버거를 먹는 동안 포장지가 얼굴을 가려줘 깨끗한 얼굴의 모습이 상대에게 보였습니다. 이런 재미있는 패키지 디자인을 그냥 둘 고객들이 아니죠. 손님들은 바로 사진을 찍어 SNS에 올리기 시작했습니다. 기발한 마케팅으로 소

● 입가에 음식물이 묻는 단점을 패키지 디자인으로 가려 단점을 극복한 FRESHNESS BURGER 사례.
출처: 유튜브채널 소셜마케팅코리아

문이 난 가게는 손님들이 몰려들기 시작했습니다. 소개팅과 같은 다소 어색할 수 있는 약속에도 갈 수 있도록 고객을 배려한 것입니다. FRESHNESS BURGER 역시 브랜드의 단점을 파고들었습니다. 그리고 그 속에서 장점을 창출해냈습니다. 단순히 문제를 바라보는 관점이 달라졌을 뿐인데 브랜드의 매출이 달라졌으니까요.

브랜드를 사람이라고 소개하라

국내에도 이런 사례가 있습니다. 경북 성주에 있는 '페루프'라는 브랜드는 금속 기와를 만들어 수출하는 기업입니다. 글로벌 강소기업에 선정될 만큼 해외에서 한국의 위상을 높이고 있는 브랜드입니다. 금속 기와라는 아이템에 어떻게 더욱 고귀한 가치를 담을 수 있

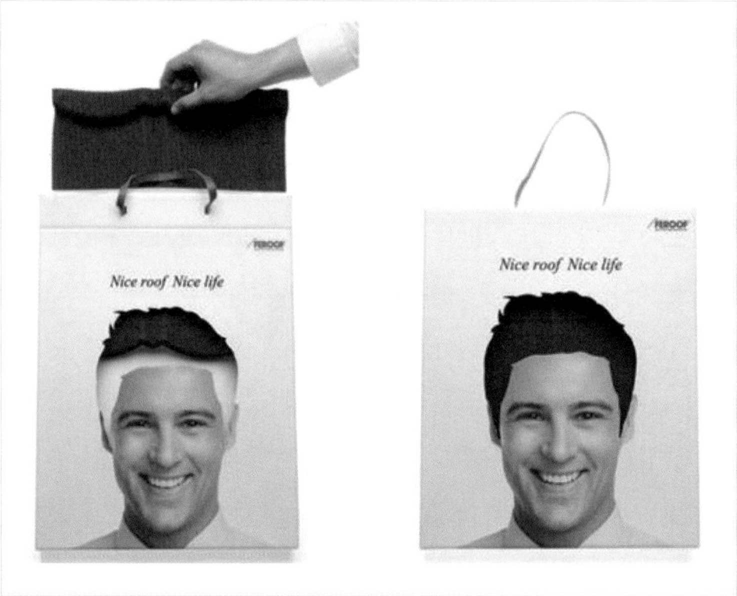

● 금속 기와를 사람 얼굴의 패키지에 넣었습니다. 그랬더니 제품이 마치 생명력이 있는 것처럼 느껴졌습니다. 출처: ㈜페루프

을까 고민했습니다. 세상에서 가장 가치 있는 것을 찾다 내린 결론은 사람이었습니다. 세상에 심장이 뛰고 있는 사람만큼 고귀한 가치를 가진 것이 없다고 봤으니까요. 금속 기와를 어떻게 하면 사람처럼 보일 수 있을까 고민하다 기와가 설치되는 장소를 찾았습니다. 금속 기와는 지붕에 설치되는 만큼 사람으로 비유했을 때 기와는 헤어스타일과 같았습니다. 그렇게 패키지 디자인에 사람의 얼굴을 두고 헤어스타일에 구멍을 뚫어두었습니다. 기왓장을 넣기 전에는 머리가 없는 모습입니다. 기왓장을 넣으면 비로소 헤어스타일이 완성되고 남

자의 멋진 모습이 나타납니다. 심장이 뛰지 않는 기왓장을 의인화한 것입니다. 그러니 기왓장이 생명력을 가진 것처럼 느껴져 더욱 가치 있는 상품처럼 인식되었습니다. 해외 전시회 기간 동안 멋진 헤어스타일을 가진 이 사람을 들고 있는 바이어들이 넘쳐났습니다. 그렇게 자연스럽게 기왓장의 가치는 올라갔고 브랜드의 인지도는 높아졌습니다.

불황으로 인해 힘드신가요? 불경기 때문에 사업을 그만두고 싶으신가요? 그렇다면 당신 브랜드가 가진 단점에 주목하세요. 그리고 1도부터 359도까지 다양한 관점으로 그 단점을 바라보세요. 시선을 바꿔보면 그 단점 속에 엄청난 폭발력을 지닌 장점을 발견하게 되실 겁니다.

광고 예산을 절약하라

사회 이슈와 브랜드 연결시키기

유학 실패 후 돌아온 한국 생활은 막막했습니다. 미국에서 취업한 것도 아니고 한국에 돌아오니 내세울 만한 스펙도 없었습니다. 무엇보다 아침에 눈을 뜨면 갈 곳이 없다는 사실이 괴로웠습니다. 하지만 우리 인생에서 죽으라는 법은 없는 것 같습니다. 주변 지인과 동네 작은 가게에서 광고 의뢰가 조금씩 들어왔습니다. 그중 하나가 닭집 브랜드였습니다. 소상공인 브랜드였지만 제게는 삼성, 구글과 같이 느껴졌습니다. 제 광고가 세상에 탄생할 수 있다는 사실이 너무 행복했습니다.

문제는 광고 예산이었습니다. 소상공인 식당인 만큼 광고비가 턱없이 부족했습니다. 그럴수록 우리는 아이디어의 힘을 빌리고자 했습니다. TV 광고, 버스 광고, 택시 광고 등 돈만 있으면 광고할 매체는 많습니다. 하지만 소상공인의 특성상 그럴 여건이 되지 못했습니다. 그렇기 때문에 오히려 사장님께 최고의 광고를 만들어 드리겠다는 생각으로 작업에 임했습니다. 브랜드를 살펴보니 조금 독특했습니다. 흔히 닭 요리라 하면 치킨이나 찜닭을 생각합니다. 튀기거나 찌거나 한 닭이 대부분이죠. 하지만 이 브랜드는 닭탕이었습니다. 이 점이 생소했습니다. 평생을 치킨이나 찜닭에 익숙한 사람들에게 닭탕은 새롭게 느껴질 것 같았습니다. 바로 그 점을 집요하게 파고들었습니다.

탕을 그려보고 그 속에 닭의 모습을 넣어보기도 했습니다. 조금 변태 같지만 그 모습이 너무 섹시해보였습니다. 탕 안에서 하얀 속살을 드러낸 두 다리가 꼬여있는 모습이 정말 야하게 보였습니다.

나 먼저 탕에 들어가 기다릴게

그렇게 쓴 카피입니다. 그리고 냄비 그릇에 닭 부리가 살짝 나와 있는 이미지를 썼습니다. 마치 냄비 안의 닭이 부리를 살짝 내밀고 탕에서 기다린다고 말하는 것처럼요. 이 카피를 쓰고 저는 소비자들이 오해해주길 바랐습니다. '왜 닭집 광고 카피를 이렇게 썼을까?' 하고 말이죠. 아니나 다를까 현수막 광고를 게재했을 때 그 전략을 통했습니다. 현수막을 본 어르신들이 항의 전화가 밀려든 것이죠. 불만의 목소리는 대부분 이랬습니다.

"왜 성인 퇴폐 업소 광고를 이렇게 붙여놨어? 당장 내려!"

어르신들은 이 광고 카피를 야릇하게 해석한 것입니다. 바로 저

이 광고를 본 어르신들이 구청에 민원을 많이 넣었습니다. 카피만 보시고 "왜 성인 퇴폐 업소 광고를 게재했냐"라고요. 이렇게 해석의 여지를 소비자에게 맡기는 것도 소상공인 브랜드에는 좋은 방법입니다.

희의 기획 의도가 정확하게 통한 것입니다. 이런 항의 전화 때문에 생소한 브랜드 네임에 인지도가 붙기 시작했습니다.

현수막 광고가 통하다 보니 우리는 조금 더 욕심을 냈습니다. 대형 마트에 카트 광고로 게재해 브랜드를 알리고자 한 것이죠. 사람들은 제가 만든 광고를 카트에 붙이고 장을 봤습니다. 탕에 들어가 부리를 내밀고 있는 이미지가 퍼지면서 브랜드는 팔리기 시작했습니다. 우리는 여세를 몰아 냉함까지 그 이미지로 제작해 손님들에게 쿠폰으로 나눠줬습니다. 작은 닭집 가게에서 다소 도발적인 메시지를

● 유학을 마치고 한국으로 돌아와 공식적으로 광고판에 걸린 첫 광고였습니다. 제 광고를 붙이고 장을 보는 사람들을 보며 그날 밤 잠 못 이루었던 기억이 납니다.

담은 명함이 사람들에겐 신기했나 봅니다. 블로그에 광고가 올라오기 시작했고 어느새 맛집 브랜드가 되어버렸습니다.

사실 소상공인 브랜드는 힘듭니다. 경제적인 여건도 어렵고 광고비 책정도 부담스럽습니다. 저희를 찾아오시는 소상공인 사장님들도 마찬가지입니다. 정말 간절한 분들이 많으시고 하루하루 눈물겹게 버티는 분들도 많으십니다. 하지만 전 소상공인이기 때문에 폭발력이 있다고 생각합니다. 저만 해도 그렇습니다. 나이키 광고를 맡게 된다면 얼마나 행복할까요? 구글의 광고를 맡게 된다면 잠이 안 올 것입니다. 하지만 멋진 광고를 만들어도 그 기쁨은 오래 가지 못할 것을 압니다. 이미 구글이나 나이키를 모르는 사람은 없기 때문이죠. 반면 닭탕은 그렇지 않습니다. 구글이나 나이키 광고를 맡았을 때 상승의 여지보다 소상공인의 광고는 상승의 여지가 더 큽니다. 소상공인의 작은 브랜드이지만 한 가게의 사장은 그저 되는 자리가 아닙니다. 언제 망할지 모르는 두려움 속에서 가게를 열고 손님을 기다리며 살아가는 브랜드입니다. 돈도 없고 빽도 없다면 소상공인은 정말 어떻게 광고해야 할까요?

그때가 바로 아이디어의 힘을 빌려야 할 때입니다. 대기업은 광고 물량공세로 소비자의 머릿속에 메시지를 각인시킬 수 있습니다. 하늘을 봐도, 땅을 봐도, 고개를 돌려도 삼성 광고가 보일 수 있도록 말이죠. 하지만 소상공인은 그렇지 않습니다. 광고 예산을 책정하는 것조차 부담이 됩니다. 그럴 때 한번만 봐도 기억이 되는 광고가 필요합니다. 스타트업, 소상공인일수록 아이디어의 힘이 절실합니다. 그렇다면 과연 어떤 아이디어가 필요할까요?

100만 유튜버인 신사임당은 이렇게 말합니다. 자신의 콘텐츠와 현재 사회 이슈거리를 연결시킨 영상을 찍으라고요. 예를 들어 2020년의 키워드를 뽑아보면 코로나, 언택트, 주식, 부동산 등이 있을 겁니다. 이런 사회 이슈와 자신의 비즈니스 영역을 링크시키라고 합니다. 사람들은 당신의 사업에 관심 없을 확률이 더 큽니다. 하지만 사회 이슈는 궁금해합니다. 이런 점들을 링크하면 조회수를 올릴 수 있다고 말합니다.

2015년에 선후배 관계인 연예인의 다툼이 화제였습니다. 후배에 태도에 선배는 "너 어디서 반말이니?"라는 음성 파일이 실검에 오르기 시작했습니다. 모든 사람들의 관심이 여기에 집중되었던 때였습니다. 그때 기발한 치킨에서 기회를 포착했습니다. 이 사건을 패러디해 광고를 제작하기로 한 것입니다. 선후배 간의 싸움을 흉내내면서 영상 속 모델은 이런 카피를 던집니다.

● 사회 이슈를 발 빠르게 캐치하세요. 그리고 그것을 당신의 브랜드와 연결시키세요. 그 속에 광고비를 절약할 수 있는 아이디어가 숨어 있습니다. 출처: 치킨기발한 유튜브 채널

너 어디서 반마리니?

그러자 후배의 역할을 맡은 연기자가 대답합니다. "아니 아니, 치킨은 한 마리지" 이 패러디 영상이 공개되고 순식간에 100만 뷰 이상을 기록하게 됩니다. 심지어 이 영상을 찍는데 50만원 밖에 들지 않았다고 하니 엄청난 가성비의 광고가 된 셈입니다. 바로 이런 전략이 스타트업에 필요한 것입니다. 기발한 치킨은 광고를 위해 억대 모델을 쓰지 않았습니다. 그렇지만 이런 센스있는 아이디어를 통해 억대 모델 이상의 홍보 효과를 누렸습니다. 스타트업, 소상공인 여러분, 광고비가 없을 땐 사회 이슈와 당신의 브랜드를 접목시키세요. 그것이 당신의 브랜드가 실시간 검색어로 가는 지름길입니다.

한 사람부터 만족시켜라

모두를 만족시키려고 하면 모두가 떠난다

매일 아침마다 발가벗고 링 위에 올라갔습니다. 그리고 여기저기서 날아오는 주먹에 피투성이가 되었습니다. 어디서 어떤 주먹이 날아올지 모르니 정말 힘들더군요. 매일 저녁에는 몸에 멍이 든 채로 링에서 내려왔습니다.

광고회사를 창업하고 매일이 이런 느낌이었습니다. 발가벗겨진 채로 링 위에 올라가 얻어터지는 기분이었습니다. 그 주먹은 때로는 고객에게, 때로는 내부에서 날아오기도 했습니다. 저는 매일 몸에 연고를 발랐고 아물고 출근하기를 반복했습니다. 그만큼 창업은 쉽지 않은 경험이었습니다.

광고는 쉽게 평가하기 좋은 영역입니다. 한 달 밤을 새며 만든 광고를 지나가는 사람이 "디자인 참 구리네요?"라고 말할 수 있는 분야입니다. 특히 디자인은 색상의 미세한 채도 차이로 세련됨과 촌스러움을 오고 갑니다. 선 하나 차이로 좋은 디자인과 나쁜 디자인의 차이가 생깁니다. 아이디어나 디자인의 영역은 지극히 주관적인 피드백이 날아오기 쉽습니다. 그렇게 우리는 늘 링 위에서 평가받는 존재였습니다.

사실 광고만이 주관성의 공격을 받는 영역이 아닙니다. 스타트업, 소상공인을 포함한 모든 돈이 오고 가는 비즈니스 역시 마찬가지입니다. 청소서비스, 세탁소, 국밥, 카페 등 모든 영역에 고객의 주관성이 개입합니다. 누군가에게 정말 좋았던 순대국밥이 누군가에게는 짜게 느껴질 수도 있습니다. 저 역시도 이런 고초를 많이 겪었습니다. 광고 시안을 발표하면 클라이언트 회사 임직원들의 주관적인 의견들이 쏟아졌습니다. 부장님은 빨간색을 좋아하는데 대표님은 파란색을 좋아했습니다. 고문님은 안전한 아이디어를 원했지만 이사님은 파격적인 광고를 원했습니다. 그렇게 여러 사람의 의견을 맞추다보니 '이 맛도 저 맛도 아닌 광고'가 탄생했습니다. 당연히 고객들은 그 광고를 외면했습니다. 그때 깨달았습니다. '모두에게 사랑받으려는 노력이 망하는 지름길이구나.' 물론 사업을 하다보면 대중성에 초점을 맞출 때가옵니다. 맥도날드나 던킨도너츠가 바로 그렇습니다. 소름 돋게 맛있지 않지만 누가 먹어도 좋은 맛입니다. 하지만 소상공인의 경우는 다릅니다. 막 창업한 스타트업이 모두에게 사랑받으려는 전략은 독입니다.

고객'들'이 아닌 '고객'이다

우선 한 사람부터 만족시키세요. 당신의 승부수는 고객들이 아니고 고객입니다. 복수가 아니고 단수입니다. 너무 많은 소상공인 사장님들이 모두를 만족시키려 합니다. 그 순간 그 브랜드의 매력은 잃게 됩니다. 모두에게 사랑받으려는 순간 아무에게도 사랑받지 못하는 브랜드가 됩니다. 자, 그럼 이런 의문점이 생깁니다. 그 단 한명의 고객이 도대체 누구냐고요. 우리 가게에 오신 첫 손님인지, 돈이 많아 보이는 고객인지 궁금할 겁니다.

당신 브랜드의 첫 고객은 당신이 되어야 합니다. 오늘도 수많은 스타트업이 망하는 이유는 사업주의 관점에서 서비스를 바라보기 때문입니다. '이렇게 기획하고 이렇게 서비스하면 돈을 벌 수 있겠지?' 라는 생각을 가집니다. 지극히 사업주의 관점에서 고객을 봅니다. 고객은 전혀 그렇지 않은데 말이죠.

당신이 먼저 고객이 되어 그 사업을 바라봐야 합니다. '나 같으면 이 서비스를 이용하고 싶을까? 내가 고객이라면 이 비용이 아깝지 않을까?'라는 생각을 집요하게 해야 합니다. 그러다보면 어느 순간 눈이 생깁니다. 바로 사업을 객관적으로 바라보는 눈 말이죠. 당신이 당신 브랜드의 첫 번째 고객이 되어보세요. 그때 허점이 보이고 불만이 보이고 보완해야 할 것이 보일 겁니다. 먼저 자기 마음 안에서 합격점을 받으세요. 자신의 브랜드를 비판도 해보고요. 그럼 이제 진짜 고객을 맞이할 차례가 옵니다. 거기서 통과되면 이제 진짜 한 사람에게 집중할 때가 온 겁니다.

‘아니, 많은 사람을 만족시켜서 최대한 지갑을 열어야지. 한 사람만 만족시켜서 어떻게 사업을 유지해?’라는 생각이 들 수도 있을겁니다. 맞는 말입니다. 하지만 작은 사업을 시작하는 소상공인에게 위와 같은 자세는 위험합니다. 삼성 스마트폰을 쓰는 고객과 당신이 개발한 앱을 쓰는 고객의 태도는 다릅니다. 그 태도는 삼성과 당신 브랜드에 고객이 지불한 가격 이상으로 차이가 납니다.

그렇다면 만족시켜야 할 그 단 한 명의 고객이 누구일까요? 바로 당신 브랜드에 가장 악평을 하는 사람입니다. 가장 까다롭고, 가장 보고 싫고, 가장 듣기 싫은 소리를 하는 고객입니다. 그 고객이 바로 당신 브랜드를 성장시켜줄 수 있는 유일한 사람입니다. 오늘 닭갈비집을 오픈했다고 가정해봅시다. 친척을 비롯하여 지인들이 방문해서 음식을 팔아줍니다. 그리고 칭찬 일색을 늘어놓고 갑니다. ‘음식 솜씨가 예사롭지 않다’, ‘양념이 끝내준다’라는 호평을 늘어놓습니다. 여기에 우쭐해서 사장님은 기분이 날아갈 것 같습니다. 이미 가슴속에서는 자신이 백종원이 된 듯합니다. 하지만 진짜 실력은 진짜 고객이 왔을 때 나타납니다. 고객은 냉정합니다. 조금만 불만족스러워도 블로그에 불평이 올라옵니다. 맛있다고 감탄했던 지인의 얼굴이 떠오르지만 이미 때는 늦었습니다.

가장 싫은 고객에게 집착하라

까다로운 고객은 당신에게 디테일을 선물합니다. 스타트업의 가장 큰 문제가 바로 디테일이 없다는 점입니다. 패기는 넘치지만 아무래도 비즈니스의 디테일은 부족합니다. 그래서 그때 까다로운 고객을 만난 것에 감사해야 합니다. '고객 입장에서는 이것이 불편할 수 있겠구나'를 비로소 알게 되니까요. 그렇다면 그때부터 그 고객을 해부해가야 합니다. 그 고객의 행동 패턴, 뇌 구조, 기분, 습관, 돈 쓰는 방법, 돈을 대하는 태도를 연구해야 합니다. 알파고와 대결한 이세돌 9단이 그렇습니다. 한 수를 두기 위해 상대방의 서른 수 앞을 고민합니다. 그러다보면 디테일이 생길 수밖에 없게 됩니다. 상대의 성향에 집착하다 보면 저절로 생기는 디테일인거죠. 이것이 소상공인이 한 명의 고객에게 집중해야 되는 이유입니다. 까다로운 고객 한 명도 만족시키지 못하면서 대중을 만족시키려 들지 마세요. 구구단도 모르는 학생이 미적분을 풀려고 덤비는 꼴입니다.

가장 보기 싫은 고객을 바라보세요. 시선을 피하지 말고 마주하세요. 그 고객이 당신 비즈니스의 제일 좋은 교과서입니다. 당신 사업의 거울입니다. 그와 함께 사는 것처럼 사업을 하세요. 그럼 어느 순간 당신 가게에 손님이 북적이고 있을 겁니다. 어느 순간 당신의 제품을 구입하려는 사람들이 늘어나 있을 겁니다. 페이스북에 그 브랜드 참 좋더라는 얘기가 바이럴 될 겁니다. 그런 얘기는 광고판이 감히 담을 수 없는 것들입니다. 까다로운 고객 한 명을 만족시키려다 보니 저절로 디테일이 생겨버린 거죠. 좋은 얘기를 해주는 고객에겐 감사한 마음만 두세요. 그 역시 언제든 떠날 준비를 하는 고객입니다. 명심하세요. 당신의 사업은 네거티브한 고객이 성장시킨다는 사실을요.

만지고 싶은 광고를 만들어라

직접 만질 수 있는 혜택 제공하기

백수 시절인 어느 날이었습니다. 영남대학교 앞에서 어학원을 운영하는 친구에게서 연락이 왔습니다. "종섭아, 너가 미국에서 광고 배워왔으니 우리 학원 광고 좀 만들어주라" 백수였던 제게 엄청난 희소식이었습니다. 돈보다도 미국에서 배운 광고를 고향에서 써먹어볼 수 있다는 것이 기뻤습니다. '대구에서 전혀 볼 수 없었던 광고를 만들어내겠어' 29살 백수가 갑자기 중학교 2학년이 되었습니다. 저는 제가 마치 광고계의 거장 데이비드 오길비(David Ogilvy)에 빙의한 것처럼 엄청난 허세를 풍기며 작업에 돌입했습니다.

그 학원의 최고 장점은 '말하기'였습니다. 보통 우리가 외국어를 할 때 부끄러워하는 경우가 많습니다. 익숙하지 않기 때문이죠. 그런데 그 학원은 그런 말문을 트이게 해주는 어학원이었습니다. 동시에 발음 교정까지 해줬습니다. 이 사실만으로 저는 충분히 이 학원이 매력적이라고 생각했습니다. 자, 그럼 이런 매력을 어떻게 팔 것인지 광고인의 고민이 시작되었습니다. 저는 마냥 영어가 좋아서 영문과에 진학했습니다. 그리고 운 좋게 교환학생에 합격하여 미국까지 가게 되었습니다. 현지에서 영어를 배우며 제가 느낀 것이 있습니다. 외국어를 배우는 것에 성격이 큰 영향을 끼친다는 사실이었습니다. 미국 이민 생활이 10년이 된 한인 친구가 있었습니다. 하지만 그의 영어 실력은 기대했던 것과는 달랐습니다. 내성적인 성격 탓에 실수를 두려워 외국인과 어울리지 않았던 것입니다. 반면 외향적인 한인 친구들은 미국인들과 놀면서 영어를 빨리 배웠습니다. 그들은 실수를 두려워하지 않았습니다. 영어는 모국어가 아니니 실수는 당연하다는 생각으로 영어를 뱉었습니다. 그러니 외국어를 굉장히 빠르게 배우더군요. 저는 이런 생각을 어학원 슬로건에 담고 싶었습니다.

SPEAK WITHOUT THINKING

(생각 없이 말하세요)

학창 시절 선생님께 맞았던 기억이 많습니다. 선생님의 질문에 깊은 생각 후 한 대답이었지만 안타깝게도 선생님께서는 그렇게 생각하지 않으셨습니다. 한국에서는 생각 없이 말하면 백발백중 혼났습니다. 하지만 이것이 외국어일 때는 달라진다는 것을 말해주고 싶었습니다. 외국어를 발할 때는 그냥 생각 없이 내뱉으라고, 무작정 토해내라는 말을 하고 싶었습니다. 그것이 외국어를 가장 빠르게 배

● 외국어를 배울 때는 생각 없이 말해도 됩니다. 아니 생각하지 말고 마구마구 뱉어야 합니다. 실수를 두려워하지 말고요. 그래야 외국어 실력이 는다는 것을 강조하고 싶었습니다.

우는 지름길이니까요. 우리는 이 슬로건을 현수막과 전단지로 만들어 영남대 주변에 배포했습니다. 영어를 말할 때 실수해도 경찰이 잡아가지 않는다는 대단한 사실을 알렸습니다. 그러니 마음껏 실수하라고 말이죠.

이 문장의 힘이 강했는지 학원의 수강생이 늘기 시작했습니다. 슬로건 하나로 학원의 매출이 오르니 친구의 부탁이 늘어갔습니다. "종섭아, 여세를 몰아 진짜 기발한 포스터 하나 만들어보자" 백수한테 광고 의뢰가 갑자기 연속으로 들어오니 감당이 안 되었습니다. 이토록 큰 행복은 어렸을 때 돈까스를 처음 맛본 이후로 처음이었습니다. 그러면서 내심 생각했습니다. '슬로건은 글이니 이번에는 그림으로 승부해보자!' 그때 떠오른 어학원의 장점이 발음교정이었습니다. 그리고 발음 교정은 왠지 재미있는 비주얼이 나올 것 같았습니다.

우리는 흔히 말합니다. "이제 우리는 혀가 굳어서 영어를 못해", "혀가 굳어서 버터 발음이 안 되잖아"라며 슬퍼합니다. 그 순간 떠오는 것이 혓바닥이었습니다. 이 얼마나 강렬한 비주얼인가요? 포스터에서 혓바닥을 크게 노출하면 안보래야 안 볼 수 없는 광고가 될 것 같았습니다. 저는 혓바닥을 크게 보여주고 이런 카피를 썼습니다. '총알에 맞아 굳은 혀, 이제 총알을 떼어내세요!' 지금 생각해도 온몸에 닭살이 돋아 닭이 될 것 같은 카피입니다. 11년 전 만든 부끄러운 퀄리티의 광고임에도 불구하고 이렇게 공개합니다. 이해해주세요. 제가 한국으로 돌아와 처음 만든 광고이고 처음으로 의뢰받았던 광고이니까요.

포스터 위에는 총알을 오려 붙여두었습니다. 그 총알 뒤에는 15일 무료 청강권, 교재 할인권과 같은 혜택을 적어 두었습니다. 주머니가 가벼운 학생들에게는 엄청난 혜택들이었습니다. 그리고 마치 진짜 총알이 혓바닥에 박혀 굳어있는 것처럼 보이게 만들었습니다.

소통이 가능하면 아날로그도 괜찮다

총알을 수천 개 오리고 포스터에 붙이는 작업이 반복되었습니다. 지금 생각하면 정말 무식한 방법이었습니다. 아마 배고픈 백수 시절 처음 만든 광고라 가능했던 것 같습니다. 그렇게 수작업으로 제작한 포스터를 들고 우리는 영남대학교로 향했습니다. 캠퍼스를 돌며 포스터를 붙였는데 한편으로는 의구심이 계속들었습니다. '과연 학생들이 진짜 총알을 떼볼까?' 어쨌든 일일이 수작업한 포스터였기에 열심히 붙였습니다. 그리고 학원으로 돌아와 휴식을 취하고 있었습니다. 내심 총알을 가지고 학원으로 구름같이 몰려드는 학생들을 상상했지만 역시나 학원은 조용했습니다. '그래 방금 붙인 광고가 하루만에 효과를 보겠어?'라며 일어나려는 순간, 학생 두 명이 헐레벌떡 학원 문을 열며 들어왔습니다. 바로 우리가 기다리고 있던 총알을 떼어낸 학생들이었습니다. "이거 있으면 정말 15일 동안 무료 청강이 가능한가요?", "이 총알로 교재 할인을 받을 수 있나요?"와 같은 질문이 쏟아졌습니다. 그리고 나서도 6명의 학생이 더 들어왔고 총알을 든 학생들의 행렬이 이어졌습니다. 학원의 매출이 광고 전과 후로 비

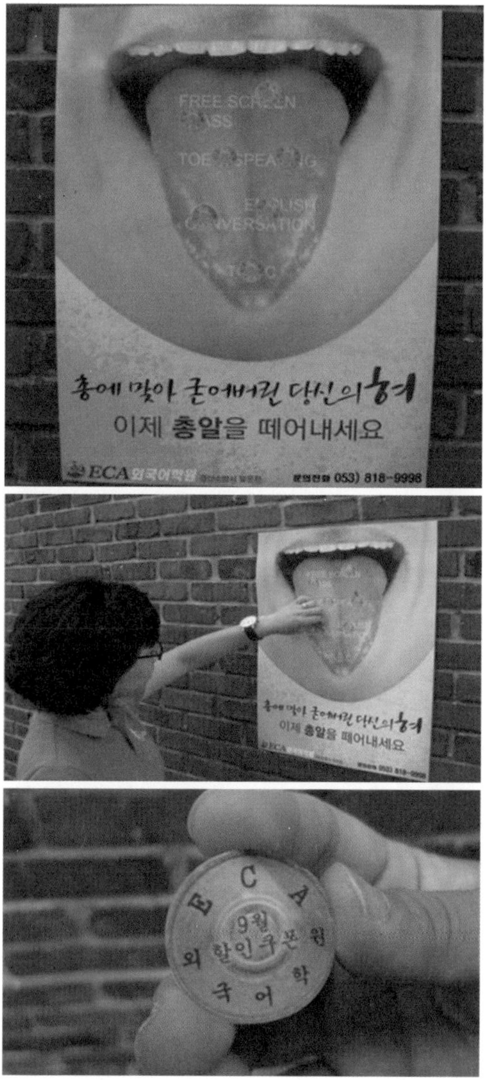

● 혓바닥에 붙은 총알을 떼어내면 할인 쿠폰이 되는 학원 광고 포스터. 11년 전에 나온 촌스러운 광고이지만 소상공인 브랜드에는 이런 전략도 필요합니다.

교해 두 배 가까이 올라갔습니다. 광고에 혜택을 담느냐, 담지 않느냐의 차이가 이토록 선명했습니다.

온라인 광고가 활성화된 지금은 생각할 수 없을 오프라인 광고였습니다. "그냥 블로그 열심히 하면 되지 뭐 하러 일일이 포스터를 오려가며 그 고생을 하세요?"라고 물어볼 법 하죠. 하지만 인터렉티브한 광고가 드물던 2009년이니 가능했던 광고였던 것 같습니다. 그리고 제가 미국에서 배웠던 광고를 고향에서 해볼 수 있어 기뻤습니다. 지금이야 소비자 반응형 광고(인터렉티브)가 너무 흔하지만 그때만 해도 그렇지 않았으니까요.

광고는 사람을 따라갑니다. 예전에는 신문 하단에 실리면 광고라고 여겼습니다. 하지만 요즘은 그렇지 않습니다. 내게 조금이라도 혜택이 되는 요소가 있어야 광고라 생각합니다. 사람들은 광고에 친절하지 않습니다. 어떻게 해서라도 피하고 싶은 대상입니다. 하지만 혜택을 발견하는 순간 사람들은 돌변합니다. 똥처럼 피하려던 광고를 금처럼 가지고 싶어 합니다.

만지는 것은 사람의 본능입니다. 그것을 가장 잘 이용한 사람이 스티브 잡스입니다. 잡스는 아이폰을 만지게 만들었습니다. 더 자세하게 표현하자면 문지르도록 만들었죠. 마치 알라딘의 램프처럼 말이죠. 문지르면 무언가 나올 것 같은 느낌이죠. 이러한 터치에는 사랑을 갈구하는 사람의 본능이 잘 녹여져 있습니다. 만지는 것, 문지르는 것을 스티브 잡스는 잘 활용했습니다. 그 결과 사람들은 어찌 되었을까요? 아이폰이 마치 남자친구 혹은 여자친구가 되어 버렸습니다.

만지고 있지 않으면 불안해집니다. 끊임없이 SNS을 열어 문질러야 합니다. 아니면 불안해지는 거죠. 그래서 전 아이폰 자체가 굉장히 훌륭한 광고라고 생각합니다. 인간의 본성을 잘 녹여져 있으니까요.

광고도 마찬가지입니다. 만지도록 하세요. 문지르도록 하세요. 그 속에 소비자를 위한 혜택이 있다면 금상첨화입니다. '공짜라면 양잿물도 마신다'는 속담엔 인간의 욕망이 아주 잘 녹여져 있다는 걸 기억하세요. 그리고 이 속담은 마케팅을 할 때 절대 잊어버려선 안 되는 문장입니다.

브랜드 정체성이 없는 명함은 버려라

소비자에게 1초를 허락받는 방법

숨이 턱 막히는 불경기입니다. 소상공인은 하루하루가 전쟁입니다. 편의점 사장님은 알바를 고용하는 대신 자신이 새벽까지 일합니다. 임대료, 세금, 인건비 등을 제외하니 손에 잡히는 돈이 없습니다. 스타트업의 경우는 더 심각합니다. 프랜차이즈야 사람들에게 인지도라도 있지만 스타트업은 가족들도 자식이 창업한 브랜드를 모릅니다. 물은 100도에서 끓는데 스타트업은 0도에서부터 시작해야 합니다. 그러니 얼마나 많은 인고의 시간이 필요할까요? 그렇다고 광고비를 많이 쓸 수 있는 형편도 아닙니다. 혹시 최근에 주변에서 "저기 광고비를 정말 많이 쓴대!"라는 말을 들어 본 적이 있나요? 없을 겁니다. 광고주의 머릿속엔 '어떻게 해서든 광고비를 줄일까? 적은 예산으로 어떻게 우리 브랜드를 팔 수 있을까?'란 생각이 가득합니다.

저 역시 처음 창업을 했을 때 그런 생각이었습니다. '돈은 없는데 우리를 어떻게 알리지?' 그때는 독이 바짝 올라 있었습니다. '누구든지 우리에게 광고만 맡겨 봐! 멋진 광고로 죽여버릴 거야!'라는 독기로 가득했습니다. 하지만 그건 나만의 생각이었습니다. 아무도 우리에게 광고를 맡겨주지 않았습니다.

0.1초의 세일즈 시간

그렇게 투자하게 된 것이 바로 명함이었습니다. 처음 창업할 때는 반은 거지 상태였지만 명함에 투자할 2만 원은 있었습니다. 미국의 뇌과학자 폴 왈렌(Paul J. Whalen)에 따르면, 우리는 뇌의 편도체를 통해 0.1초 만에 상대방의 호감도를 평가한다고 합니다. 영업을 갈 때마다 늘 문전박대의 대상이었던 저는 여기서 원인을 찾았습니다. '0.1초를 붙잡자. 그 짧은 시간에 상대방에게 호감을 줘서 우리를 팔자!'라고 다짐했습니다. 영업을 나간 어느 날, 운 좋게도 병원 원장님과 독대를 하게 되었습니다. 보통 병원의 경우 원장님을 만나는 건 하늘의 별 따기입니다. 거의 실무진에서 문전박대가 일어나기 마련이죠. 하지만 이날은 원장님까지 뵙게 되었고 기쁜 마음으로 미팅에 임했습니다. 하지만 그 기쁨은 오래가지 못했습니다.

"자네, 사기꾼인가? 다른 광고회사는 광고를 공짜로 만들어주는데 당신은 뭔데 광고 개발비를 달라고 하나?"

실상은 이랬습니다. 당시 대구 지역의 광고회사들은 거의 버스, 지하철 광고판을 입찰받아 그 광고판을 쓰는 비용만 받았던 것입니다. 부동산 비용만 받고 그 안에 들어가는 광고 기획, 카피, 디자인은 공짜였던 시장이었습니다. 그런 시장에서 광고 아이디어 비용을 요구했으니 사기꾼으로 몰릴 만했습니다. 곧이어 원장님의 차가운 말이 쏟아졌습니다.

"내가 어제까지만 해도 음악회 갔다가 ○○○ 씨, ○○○ 씨(이름만 대면 알 법한 유명인)랑 술 마시고 왔는데 오늘 당신 같은 잡상인하고 미팅하고 있으면 내 기분이 어떻겠어?"

결국 제가 경력이 없으니 공짜로 제 광고를 써달라고 부탁해야 한다는 말로 미팅은 끝났습니다. 병원 문을 나서면서 대구에서 광고회사를 창업하지 말라는 선배들의 말씀이 떠올랐습니다. 저는 그저 크리에이티브를 쫓는 철없는 아이에 불과한 것은 아니었는지 자괴감이 들었습니다. 하지만 광고의 매력이 뭔가요? 바로 상황을 뒤집는 것입니다. 저는 이런 우울한 상황도 긍정적으로 뒤집고자 노력했습니다. 사실은 원장님께서 비난의 말씀을 하실 때 아이디어가 스쳤습니다.

"원장님은 사람을 고치는 의사시군요. 사실은 저도 의사입니다. 브랜드 고치는 브랜드 닥터요!"

저는 용감하게 이런 말을 뱉었습니다. 제 마음속에서 말이죠. 비록 내뱉지는 못했지만 머릿속에선 재미있는 아이디어가 스친 셈이죠. 브랜드 닥터 명함은 그렇게 탄생했습니다. 일반 명함은 종이 한 장으로 끝나지만 저는 커버를 만들었습니다. 아이디어를 숨겨두기 위함이었죠. 겉으로 보기에는 병원의 명함 같지만 커버에서 명함을

● 항상 잡상인 취급받던 저는 고객을 만나는 0.1초를 붙잡아야 했습니다. 그래서 명함을 봉투에 넣어두었습니다. 그런 간절함에서 만든 아이디어 명함이 결국 제게 수억 원을 벌게 해주었습니다.

꺼내면 '브랜드 고칩니다'라는 카피가 보입니다. 실력 있는 회사니 우리를 써달라는 간절함이 담긴 명함이었습니다. 100원도 안 되는 명함의 효력은 대단했습니다. 그 뒤로 문전박대가 사라진 것입니다. 브랜드 닥터 명함을 내밀면 꼭 시간이 정지한 것처럼 그 명함을 살펴보더군요. 무언가 다른 디자인에 사람들의 호기심을 자극했나 봅니다. 그 뒤로는 잠시 기다려보라는 말과 함께 미팅이 이루어졌습니다. 0.1초를 붙잡으니 팔 수 있었습니다. 창업한 지 7년 차인 지금 돈으로 환산하자면 이 명함은 제게 수십억 원을 벌게 해준 셈입니다. 길바닥에 떨어져 있어도 줍지 않는 종이 한 장이지만 아이디어에 따라서 명함의 가치는 현저하게 바뀝니다.

명함은 브랜드의 성장을 담고 있어야 한다

이렇게 큰돈을 벌게 해 준 명함을 작년에 바꾸게 되었습니다. 한 명함을 가지고 너무 오래 사용했습니다. 그리고 커버가 있으니 소비자 입장에서 불편할 수 있겠다고 생각했습니다. 그냥 종이 한 장짜리 명함이라도 멋진 문구나 디자인이 있으면 팔릴 것이라 봤습니다. 지난 7년 동안 우리의 고생과 애환을 그대로 담을 수 있는 글이 무엇일까 고민했습니다. 그러던 중 광고주와 미팅할 때 요즘 자주 듣는 말이 떠올랐습니다.

"김 소장님! 말씀 많이 들었습니다. 그 광고 만드신 분 맞으시죠!"

만나는 광고주마다 경찰청, 인천시교육청, W병원 광고를 말씀하

● 첫 번째 명함으로 많은 클라이언트를 만나게 되었습니다. 그리고 성장할 수 있었습니다. 그 덕분에 두 번째 명함에서 이런 카피를 쓸 수 있었습니다.

시며 제가 맞는지 확인하셨습니다. 사실 이때가 정말 뿌듯했습니다. 사람들이 광고를 보는 건 3초이지만 우리는 그 3초를 위해 3개월을 일하니까요. 그때 흘린 구슬땀을 알아주시는 것 같아 너무 기뻤습니다. "네, 그 사람 맞습니다"라고 계속 대답을 했는데, 말을 하게 될수록 '그냥 명함에 쓰자'라는 생각이 떠올랐습니다. 그렇게 명함에 쓴 카피가 '네, 그 광고 만든 사람 맞습니다'입니다.

남들이 봤을 때 건방지다고 할 수도 있지만, 저희는 그럴 자격이 있다고 생각했습니다. 광고비란 말조차 없던 대구에서 그 인식을 만들어 내기 위해 죽도록 고생했기 때문입니다. 그래서 저는 이 명함을 저의 훈장이라고 생각합니다. 겸손해야 하지만 이 순간만큼은 자부

심을 느껴도 된다는 생각으로 만들었습니다.

사업을 하건 하지 않건 명함은 당신의 얼굴입니다. 그 명함의 디자인, 서체 심지어 종이 두께까지 고객이 당신을 평가하는 데 중요한 요소가 됩니다. 실제로 명함집 사장님께 이런 말을 들은 적도 있습니다. "진짜 사기꾼은 명함에서부터 티가 나요" 그들은 급하게 명함을 만들기 때문에 당연히 아이디어나 기획 요소는 찾아볼 수 없기 때문입니다. 성의 없는 명함을 고객에게 건네는 것이죠.

사상 유례가 없는 불경기인 것을 모르는 사업가는 없을 것입니다. 하지만 그렇다고 그냥 가만히 계시겠습니까? 거창한 투자는 부담되니 본인이 할 수 있는 작은 일부터 시작하세요. 그것은 SNS에 매일 짧은 글을 올리는 것일 수도, 블로그에 작은 사진을 올리는 일일 수도 있습니다. 명함 역시 3만 원이 되지 않습니다. 그렇게 소액을 투자하는 것부터 해보는 겁니다. 당신의 브랜드가 가진 장점을 또는 정체성을 명함에 고스란히 담아 보세요. 당신의 브랜드 광고를 강남역 빌딩 위 전광판에 거는 것은 수백, 수천만 원 할 것입니다. 하지만 작은 명함을 만들어 SNS에 노출하는 것은 공짜입니다. 큰 브랜드가 되기 위해선 작은 일부터 시작하세요. 리스크가 없는 일부터 하면서 기초 체력부터 키우세요. 그러면 자연스럽게 더 큰 리스크도 감당할 수 있는 브랜드가 될 것입니다. 사업을 시작한다면 가족조차 당신 브랜드를 알아주지 않습니다. 가로 9센티미터, 세로 5센티미터의 명함 속에 그 간절함을 담으세요. 고객은 당신이 내미는 그 작은 명함으로 당신을 평가합니다.

내게 꼭 맞는 광고회사를 찾아라

탁월한 광고회사
찾는 비결

"창업은 했는데 광고는 어떻게 하죠?"

의외로 이런 분들이 많습니다. 창업은 했지만 소비자와 소통하는 것을 어려워합니다. 그럴만한 것이 브랜드 개발과 광고는 엄연히 다른 부분이기 때문입니다. 제가 만난 대부분의 광고주가 그랬습니다. 창업과 광고에 동시에 소질이 있는 분은 없었습니다.

사실 사업과 광고에 관한 재능을 동시에 가진 사람은 흔치 않습니다. 그렇기 때문에 이 책을 보시는 분들이 불안해하지 않았으면 좋겠습니다. 창업자는 만능일 수 없습니다. 자신의 부족한 부분은 빨리 인정해야 합니다. 그리고 그 부분의 적임자를 찾으면 됩니다. 광고 역시 마찬가지입니다. 좋은 광고팀을 만나 브랜드를 키워 가면 됩니다.

포털사이트에서 광고회사를 검색하면 끝이 안보입니다. 내게 맞는 광고회사 찾기란 마치 모래사장에서 진주를 찾는 일입니다. 그 정도로 광고회사가 많습니다. 하지만 못 찾으리란 법도 없습니다. 구하는 사람은 찾기 마련이니까요.

자, 그럼 어떻게 그런 광고회사를 만나는지 알아볼까요?

그들의 결과물을 살펴라

사람이 하는 일이다보니 광고회사도 실수를 합니다. 특히 프로젝트 진행 중에 그런 실수가 발생하기도 합니다. 하지만 결과물은 달라야 합니다. 과정상에서 실수가 있더라도 결과에는 흠이 없어야 합니다. 그렇기 때문에 결과물은 거짓말을 못 합니다.

결과물 위주로 판단하세요. 그리고 말 잘하는 광고회사를 경계하세요. 말 잘하는 회사는 과정이 훌륭합니다. 광고주를 늘 안심시킵니다. 그리고 좋은 결과가 나올 것이라 장담합니다. 그런 회사는 데드라인이 되어서야 본색이 들어납니다. 광고주가 요구한 부분이 반영되어 있지 않죠. 발표일이 되어 급하게 작업을 한 경우입니다.

기본을 확인하라

포트폴리오가 마음에 드는 회사가 있다면 미팅을 요청해보세요. 아님 전화 통화도 좋습니다. 의외로 미팅과 통화를 통해서 많은 것을 알 수 있습니다. 고객 응대와 말투, 행동, 서비스 마인드 등과 같은 것을 확인할 수 있습니다. 사실 이런 것들이 광고와 무슨 상관이냐 반문하실 수도 있습니다. 하지만 광고를 잘하는 회사가 이런 기본적인 것도 잘합니다. 광고는 명백히 서비스업입니다. 나 혼자 예술성 있는 작품을 하는 것이 아니며 기본적으로는 누군가를 돕는 일입니다. 좋은 브랜드를 팔리는 브랜드가 되도록 돕는 일입니다. 좋은 광고회사는 좋은 서비스 마인드를 가지고 있습니다. 명함을 주고받는 일, 이메일을 쓰는 요령과 같은 기본을 확인하세요. 기본이 없는 회사가 좋은 결과물을 선물할 리 없습니다.

직원들이 즐거운 회사임을 확인하라

이것은 '내가 이 회사에 광고를 맡기면 즐겁게 일할 수 있을까?'란 질문과 같습니다. 회사 자체가 즐거운 곳이 있습니다. 일이 즐거우니 이직률도 낮습니다. 안타깝게도 대부분의 광고회사가 그렇지 못합니다. 초과 근무는 기본이고 야근은 필수입니다. 저희 회사도 초창기엔 그랬습니다. 야근을 밥 먹듯이 하는 회사였습니다. 그 결과 유능한 직원들을 떠나보내는 쓰라린 경험을 해야 했습니다. 우리가 즐겁지 못한데 광고주에게 즐거운 광고를 주고자 했던 것입니다. 바보 같은 생각이었습니다. 구인구직 사이트에 들어가면 그 광고회사의 평판에 대해 알 수 있습니다. 퇴사한 직원들이 남긴 그 회사의 장단점을 알 수 있습니다. 물론 퇴사한 직원들이 좋은 글을 남겼을 리 만무합니다. 하지만 그런 피드백을 무시해서는 안 됩니다. 광고회사와 즐겁게 일하고 싶다면 그 회사 내부의 분위기도 보세요. 즐겁지 않은 사람들이 당신의 광고를 즐겁게 만들어 줄 수 없습니다.

이유가 있는 광고회사를 선택하라

제가 정말 좋아하는 영화가 있습니다. 바로 박훈정 감독의 〈신세계〉입니다. 이 영화를 좋아하는 이유는 디테일에 있습니다. 경찰이면서 깡패와 어울리는 주인공이 겪는 정체성의 혼란을 정말 디테일하게 묘사했습니다. 주인공은 극 초반에 밝은 색 계열의 정장을 입고 나타납니다. 하지만 깡패와의 관계가 깊어질수록 양복은 어두워집니다. 박훈정 감독은 그냥 지나칠 수 있는 옷 색깔에도 의미를 부여한 것입니다. 이런 것이 디테일입니다. 여기에서 뛰어난 영화와 그렇지 않은 영화가 구분됩니다.

광고도 마찬가지입니다. 좋은 광고에는 모두 이유가 있습니다. 왜 메인 컬러를 보라색으로 했는지, 왜 모델이 특정 스타일의 옷을 입고 있는지 명백한 이유가 있습니다. 좋은 광고회사를 찾고 싶다면 광고의 디테일을 살피세요. 단 하나도 허투루 넘기지 않는 회사가 디테일한 광고를 만들어 냅니다.

계약서를 보면 그 회사의 문화가 보인다

보통 계약은 1~2회의 미팅 후 세 번째 미팅에서 이루어집니다. 서로의 신뢰를 탐색하는 시간인 거죠. 하지만 가장 중요한 절차가 남았습니다. 바로 계약서를 확인하는 시간입니다. 계약서를 보면 그 회사가 고객을 어떻게 바라보는지 알 수 있습니다. 그리고 그 회사 CEO가 돈을 바라보는 관점도 보입니다. 악덕 기업의 경우, 계약 해지 시 위약금을 2배로 책정하기도 합니다. 또한 상대방의 잘못만 명시되어 있고 광고회사의 잘못에 대한 언급도 없습니다. 명백한 반사회적 조항입니다.

계약서는 그 광고회사 CEO의 입김이 가장 많이 작용하는 서류입니다. 그래서 계약서를 보면 이 회사의 CEO가 어떤 마인드로 사업을 하는지 알 수 있습니다. 계약하고 싶을 정도로 믿음이 간다면 계약서를 요청하세요. 그리고 변호사에게 자문을 받으세요. 이때 자문 비용이 50만~100만 원 정도 발생합니다(분량과 내용에 따라 편차가 큼). 아무리 형편이 어려운 소상공인이어도 이 돈을 아깝다고 생각지 마세요. 그 돈을 아끼려다가 몇천만 원, 몇억 원을 잃을 수도 있습니다. 반드시 변호사 자문 후 계약서에 도장을 찍으세요.

안 바쁜 회사를 찾아라

사실 이 부분이 가장 중요합니다. 바쁘지 않아 우리 브랜드에 신경을 많이 써주는 회사, 일이 없으니 우리 프로젝트를 반드시 성공시켜야 하는 회사가 최고의 광고회사입니다. 참 아이러니하지요. 우리는 일이 많아야 실력 있는 회사라 믿는 경향이 있습니다. 그것도 어느 정도 일리 있는 말입니다. 바쁜데는 이유가 있으니까요. 하지만 그런 순간 광고 의뢰가 '쳐내야 할 대상'으로 바뀌기도 합니다. '빨리 종료하고 나머지 프로젝트에 돌입하자!'는 식일 수 있습니다. 잘 찾아보면 스타트업인데 기발한 아이디어로 무장한 광고회사가 있습니다. 이들은 간절합니다. 이번에 맡은 프로젝트를 반드시 성공시켜야 합니다. 이들에 내일이란 없습니다. 시키지 않았는데도 일을 과하게 합니다. 자신에게 광고를 맡겨준 것 자체가 감사하고 간절한 이들입니다. 물론 경험이 부족하다는 단점도 있습니다. 이럴 때는 광고주로서 이들을 보듬어 주는 역할도 필요합니다.

광고회사를 선택할 때, 가장 위험한 것이 바로 '예측'입니다. 절대 예측해서는 안 됩니다. '내가 5 정도 바라면 10 정도는 해오겠지', '좋은 게 좋은 거니 알아서 해주겠지'라는 예측이 그렇습니다. 하지만 광고회사는 내 마음 같지 않습니다. 이 점을 명심하셔야 합니다. 그렇기 때문에 광고회사를 선택할 때는 한 가지 관점에서 보면 안 됩니다. 크리에이티브, 아이디어, 기업 문화, 서비스 마인드 등 다양한 시선에서 바라보세요. 다양한 시선에서 찾을 때 정말 보석 같은 광고회사가 내 눈 앞에 나타납니다.

광고회사에 이렇게 요구하라

오늘은 내가 광고주!

광고인은 셰프입니다. 광고주가 원하는 음식을 빨리 알아차려야 합니다. 그것은 한식, 중식, 일식 혹은 뷔페일 수도 있습니다. 음식의 종류를 캐치했다면 재료를 찾아야 합니다. 재료를 찾을 때는 광고주가 했던 말을 복기해봅니다. 그것을 따라가다 보면 재료를 구할 수 있습니다. 그 재료가 바로 아이디어입니다. 재료를 구했으면 그다음은 양념입니다. 어떤 광고주는 자극적인 칠리 소스를, 다른 이는 느끼한 마요네즈를 좋아합니다. 재료와 양념이 잘 조합되었을 때 좋은 광고가 탄생합니다.

"브랜드에 집중해야지 왜 광고주에 포커스를 두나요?"라고 반문하실 수 있습니다. 하지만 그렇지 않습니다. 그 브랜드를 가장 잘 아는 사람이 그 브랜드를 만든 사람이기 때문입니다. 창업가는 이미 그 브랜드의 문제를 알고 있습니다. 다만 말과 글로 잘 표현하지 못할 뿐이죠. 그래서 제게는 광고주가 구글입니다. 물어보면 무엇이든지 찾아줍니다. 오히려 광고주는 질문을 고마워합니다. 금요일 밤 12시에 전화해서 물어보더라도 마다하는 광고주는 없을 겁니다. 그 브랜드가 자신의 목숨이기 때문입니다.

가끔은 광고주가 되는 상상을 합니다. 이제 나도 누군가 제 마음을 알아주면 좋겠다는 생각을 하게 됩니다. 또 저희의 광고주를 볼 때도 그런 생각을 합니다. 너무 강렬하게 요구하는 클라이언트도 있지만 정반대의 스타일도 있기 때문입니다. 너무 착해서 요구를 못하는 광고주, 광고회사가 처음이라 잘 모르는 광고주, 알아서 해주겠지라고 마냥 기다리는 광고주 등이 있습니다. 혹시나 이런 스타일이라면 다음과 같이 광고를 의뢰해보세요.

원하는 점을 써라

말은 가볍지만 글은 무겁습니다. 미팅 때의 말은 그저 날아가 버립니다. 하지만 글은 그 자리에 머물러 있죠. 또한 미리 써보면 말도 잘 됩니다. 정리 정돈된 언어로 광고회사에 요구할 수 있습니다. 광고회사와의 잘못된 커뮤니케이션은 재앙입니다. 결과물을 받아볼 때 원치 않은 방향이 나올 수도 있습니다. 탕수육을 시켰는데 짜장면이 나온다면 그 분노는 이루 말할 수 없습니다. 미리 써보고 생각을 정리정돈 하세요. 그래야 광고회사에서도 광고주의 니즈를 잘 파악할 수 있습니다.

예산을 미리 책정하라

광고주 입장에서 이 부분이 가장 어렵습니다. 어떤 광고가 얼마 하는지도 모르는데 예산을 책정하라니요. 하지만 가용 가능한 예산의 범위는 정해두어야 합니다. 매출 3억 원의 기업에서 한 해 3억 원의 광고를 할 수 없습니다. 5%, 많아도 10% 정도가 적당합니다. 광고회사에 미팅할 때 "1,000만 원 정도 광고 예산 책정이 가능하니 이 범위 안에서 광고 전략을 짜달라"고 소통하세요. 그러면 광고회사 측에서도 효율성이 발휘됩니다. 그 예산 안에서 광고 제작의 구성을 짜니까요. 하지만 광고주 입장에서 이 견적을 어떻게 믿냐고 반문할 수 있습니다. 그럴 때는 타 회사의 견적도 받아보세요. 세 군데 정도의 회사의 견적을 받아보면 초짜인 광고주도 보는 눈이 생깁니다. 시장의 흐름이 보입니다. 견적서만 받아도 그 회사의 많은 부분이 보입니다. 뛰어난 회사일수록 견적서가 디테일합니다. 반면 그렇지 않은 광고회사는 견적서도 헐렁하죠. 견적서가 디테일하면 일도 디테일합니다. 그리고 쉬운 언어로 되어 있습니다. 광고주를 배려하는 것이죠. 견적서를 잘 못 쓰는 광고회사를 멀리하세요.

타임 테이블을 요구하라

쉽게 말해 작업의 기간을 의미합니다. 언제 작업이 마무리되는지, 언제 제안서를 받아볼 수 있는지, 언제 광고가 집행되는지 등을 표시한 스케줄입니다. 이 스케줄이 있으면 광고회사는 부지런해집니다. 막연히 "몇 주 후에 봅시다"라고 하면 다소 느슨해지는 것은 어쩔 수 없습니다. 하지만 타임 테이블을 받는다면 그 일정을 맞춰야하니 부지런해지는 거죠. 그리고 일정표를 받으면 광고 집행의 기승전결이 보입니다. 꼭 일정표를 요구하세요. 더 나아가 그 일정표를 준수하는 팀과 일을 하세요. 물론 일을 진행하다 보면 어쩔 수 없는 변수도 생깁니다. 그러지 않는 이상 일정을 맞추는 팀에게 신뢰가 가기 마련입니다.

의뢰하기로 했다면 믿고 가야한다

이 말은 '광고회사에서 알아서 해주겠지'라는 말과 상충될 수도 있겠네요. 하지만 전문가는 쉽게 되는 것이 아닙니다. 그 분야에서 적어도 10년 이상 공부한 분들입니다. 광고회사와 일할 때 무수한 결정들이 기다리고 있습니다. 계약부터 아이디어 컨펌까지 다양합니다.

특히 아이디어를 결정할 때 광고주의 용기가 필요한 동시에 광고회사에 대한 신뢰도 필요합니다. "저는 이런 아이디어가 좋은데 광고회사 입장에선 어떤가요?"라고 물어봐주세요. 전문가의 의견을 존중하는 것이 프로젝트 결과에도 영향을 미칩니다. 가장 안 좋은 케이스가 아이디어 안을 여러 사람들에게 피드백을 구하는 것입니다. 광고 역시 주관성이 관여되는 부분이라 각양각색의 피드백이 나옵니다. 그때부터 광고주는 걱정하기 시작합니다. A안으로 가자니 부정적으로 말한 아내가 생각납니다. B안으로 가자니 별로라는 친구가 생각나죠. 그럴수록 창업가의 관점과 광고회사의 관점에 귀 기울여야 합니다. 세상에 백 점짜리 브랜드가 없는 것처럼 백 점짜리 광고도 없습니다.

고객이 아닌 '파트너'라는 인식을 심겨줘라

제가 광고회사를 운영하며 뿌듯하게 생각하는 것이 있습니다. 바로 계약서에 '갑'과 '을'이라는 단어를 빼버린 것입니다. 갑을 '수요자'로 을을 '공급자'로 명시했습니다. 단어만 바꿨을 뿐인데 파트너라는 인식이 창출되었습니다. 갑이라 쓰면 왠지 갑질을 해야 할 것 같습니다. 대신 수요자라고 하면 필요한 사람이라는 느낌이 들죠. 공급자는 주는 사람이니 더 주고 싶다는 생각이 듭니다. 언젠가 광고주에게 피자 선물을 받은 적이 있습니다. 광고비에 비하면 아주 적은 금액이었지만 저희 팀의 사기는 하늘을 찔렀습니다. 피자는 단순한 밀가루 덩어리가 아니었습니다. '저희 브랜드 광고하신다고 고생 많습니다. 더 힘내주세요'라는 응원이었습니다. 그런 응원을 받으니 아이디어 회의 시간마다 사기가 불타올랐습니다. 사람 사는 게 그런 것 같습니다. 받으면 주고 싶고 주면 받고 싶은 것처럼 말이죠.

위에 쓴 다섯 가지의 법칙이 도움이 되었으면 좋겠습니다. 너무 당연한 말이지만 '신뢰'와 '배려'가 있으면 좋겠습니다. 광고주의 신뢰, 광고회사의 배려가 있으면 어려운 프로젝트도 순항할 것이라 봅니다.

팔려면 반드시 알아야 할 사이트

정보가 매출이다

창업 지원 사업

기업마당　bizinfo.go.kr

창업가에게 가장 필요한 사이트로 각종 지원사업, 교육 세미나, 전시회, 정책 브리핑 등 유용한 정보를 총망라해 소개한다. 특히 '정책마당' 탭에 있는 '지원사업 조회'에서 자신에게 맞는 조건 분야의 정보만 따로 찾을 수 있다.

비즈봇　aibotkorea.com

지원사업을 카카오톡 푸시알림으로 알려주는 사이트다. 전국 약 500여 개의 중앙부처, 지자체, 공공기간의 최신 정부지원사업을 검색할 수 있다. 관심 분야와 시간 설정을 해두면 자신이 원하는 시간에 지원사업 정보가 카카오톡을 통해서 온다.

K-STARTUP　k-startup.go.kr

중소벤처기업부의 창업진흥원에서 운영하는 사이트로 창업교육, 시설 공간, 멘토링, 컨설팅, R&D, 정책자금 등의 정보를 구할 수 있다. 온라인 창업 강좌나 사업신청 관리 등 창업에 필요한 유용한 정보들이 많다.

창조경제혁신센터　ccei.creativekorea.or.kr

창업에 대한 온오프라인 상담 및 교육 신청을 할 수 있다. 특히 스타트업의 경우 저렴한 비용으로 입주 공간을 알아볼 수 있는 장점이 있다. 창조경제혁신센터는 전국에 서울, 대전, 광주, 대구, 제주 등 19개의 센터가 있으니 방문해보는 것도 좋다.

소상공인시장진흥공단 semas.or.kr

소상공인에 관한 모든 지원사업이 정리되어 있다. 정책자금, 지원자금 등 대출 관련부터 소상공인 교육까지 받을 수 있다. 특히 '소상공인마당'의 '희망리턴패키지'는 사업정리 컨설팅, 재기교육, 점포철거, 법률자문 등의 서비스를 제공한다.

디자인 지원 사업

한국디자인진흥원 kidp.or.kr

디자인에 관한 모든 정보가 망라되어 있다. 특히 디자인 지원사업을 통해 디자인 개발 비용을 지원해주기도 한다. 수혜기업으로 등록하면 디자인 수행 기업과의 매칭을 통해 디자인 비용을 지원받을 수 있는 장점이 있다.

수출지원기반활용사업 exportvoucher.com

해외 수출 사업을 하는 경우에 디자인, 영상, 광고 등의 지원을 받을 수 있다. 홈페이지부터 로고, 기업 소개 동영상까지 다양한 디자인 작업에 대한 혜택을 제공한다. 수혜기업으로 등록하는 것을 추천한다.

지역지식재산센터　ripc.org

지식재산 산업에 대한 혜택을 받을 수 있다. 해외출원 비용, 특허, 디자인, 브랜드 등의 사업에 필요한 지식재산에 대한 지원을 받을 수 있다.

한국콘텐츠진흥원　kocca.kr

콘텐츠 사업에 대한 모든 지원사업이 망라되어 있다. 지원사업뿐 아니라 입찰정보와 게임, 방송, 대중문화에 대한 소식도 접할 수 있다.

대구경북디자인센터　dgdc.or.kr

디자인 사업에 대한 지원 과제를 알아볼 수 있다. 수행기업과 수혜기업의 매칭을 통해 디자인 비용을 지원받을 수 있다. 대구뿐 아니라 부산, 광주에도 있으니 지역에 맞게 찾아보는 것도 좋다.

광고 크리에이티브

Ads of the World　adsoftheworld.com

전 세계의 창의적인 광고를 소개한다. 크리에이티브한 광고를 보면서 영감을 얻기에 좋다.

Best ads　bestadsontv.com

이름 그대로 최고의 광고 모음집이다. TV, 옥외, 인터렉티브, 라디오 등 광고를 카테고리로 나누어 각 분야의 뛰어난 광고를 소개한다.

WE LOVE AD　welovead.com

광고회사별, 브랜드별, 광고제별로 나누어 광고를 소개한다. 특히 'awards' 탭에서 유명 광고제에서 수상한 작품들을 감상할 수 있다.

Adeevee　adeevee.com

전 세계에서 나오는 기발한 광고들을 모아둔 사이트다.

Digital Buzz Blog **digitalbuzzblog.com**
앞서 소개한 사이트와는 달리 디지털 광고에 특화되어 있다. 광고는 그 시대를 반영하는 만큼 앞으로 공부해두면 좋을 법한 곳이다.

광고 채널

WLDO **youtube.com/channel/UCijBTYEiKT1OJO54C6PnRqw**
광고를 해석하는 유튜브 채널이다. 컨텐츠의 질이 상당히 높다. 공부한다는 생각이 아닌 광고를 즐긴다는 생각으로 구독하면 좋다.

BRAND BOY **facebook.com/Brandboy1**
브랜드를 공부할 수 있는 페이스북 채널이다. 브랜드에 관한 트렌드를 공부하고 싶다면 팔로우를 추천한다.

에필로그

'세상이 가장 큰 학교다'라는 말을 실감합니다. 현장에서의 경험은 그 누구도 가르쳐주지 않는 배움이었습니다. '사람이 가장 좋은 교과서다'라는 말에 공감합니다. 학교에서 배울 수 없는 것들을 사람을 통해 배웠습니다.

'소비자'는 무서운 단어입니다. 그들에 따라 우리의 생사가 결정되기 때문입니다. 세일즈에서 이것은 피할 수 없는 법칙입니다. 아무리 잘난 사람이라도 그것을 사는 사람이 없다면 생존할 수 없습니다. 그래서 우리는 무언가를 끊임없이 사고팝니다. 파는 것이 인간이고 팔아야 살아갈 수 있습니다.

너무 당연한 말이지만 세상엔 공짜가 없습니다. 얻기 위해서는 땀을 흘려야 합니다. 다만 100세 시대가 온 만큼, 4차 산업 시대를 살고 있는 만큼 우리는 좀 더 효율적으로 돈을 벌 필요가 있습니다. 어느덧 "적게 일하고 많이 버세요!"라는 말이 미덕이 되어버린 시대가 왔으니까요. 투잡러, N잡러와 같은 단어의 탄생 역시 요즘 시대를 잘 표현한 말입니다. 급여만으로는 100세를 대비할 수 없기 때문입니다.

이 책은 드라마틱하지 않습니다. 이 책만 읽으면 드라마틱하게 당신의 매출이 올라갈 것이라고 말하고 싶지 않습니다. 이 책은 실패 사례도 성공 사례도 담고 있으니까요. 다만 저의 글이 당신 마음속에 작은 불씨가 되었으면 좋겠습니다. 팔고 싶은데 뜻대로 되지 않는 분들에게, 매출을 올리고 싶은데 어려운 분들에게 말이죠. 그들의 마음속에 이 책이 작은 불꽃을 일으키는 계기가 되었으면 좋겠습니다.

코로나 시대입니다. 그리고 코로나 이전의 시대로 돌아가는 것은 불가능해 보입니다. 그때가 미치도록 그립지만요. 우리는 마치 헤어진 애인을 다시 볼 수 없는 것과 같은 그리움을 느낄 겁니다. 그럼 코로나 시대를 우리는 어떻게 버티고 살아내어야 할까요? 이 책을 믹서기에 넣고 돌리면 결국 '사람'이라는 단어가 나올 것입니다. 파는 이도, 사는 이도 사람입니다. 사람을 공부하고 사람을 사랑해야 팔 수 있습니다. 그것을 놓치면 안 됩니다. 사람은 지구상에서 생명을 가진 동물 중에 유일하게 세일즈를 하는 동물입니다. 사람의 마음은 너무나 미묘해서 한 끗 차이로 팔 수도 못 팔 수도 있습니다. 이것이 지난 10년 가까이 광고를 하며 느낀 점입니다. 진실로 팔고 싶다면 소비자를 생각하며 출근하고 고객을 생각하며 퇴근하세요. 그것이 제가 찾은 세일즈의 정답입니다. 코로나 이전 시대도 이후 시대도 결국 사람이 답이라는 것은 변치 않습니다.

책을 마무리하려 하니 감사한 분들의 얼굴이 떠오릅니다. 처음 책을 쓰고 싶다고 어리바리 찾아온 저의 장점을 발견해주신 라온북의 조영석 소장님과 출판부에게 감사드립니다.

세계 속에서 한국을 빛내고 계신 페루프의 박서정 대표님, 최강의 법무팀인 법무법인 큐브 식구들, 저보다 광고를 더 좋아하시는 온하우스의 신세원 대표님, 뛰어난 사업 감각을 가진 벙커하우스의 이민욱 대표님, 사업 얘기하면 시간가는 줄 모르는 페르소나 배준철 대표님, 브링코의 김보중 대표님, 대구동부경찰서의 허재영 경감님, 제주지방경찰서의 전성현 경장님, 팝아트 그리는 경찰 최윤정 경사님의 얼굴도 떠오릅니다.

가장 강력한 한 수, 법률사무소 담정의 강수영 변호사님, 매일신문 디지털국 식구들, 해외에서 국위선양 중인 지연이, THE CREATION ENTERTAINMENT의 정진석 대표님, 대구광역시 치과의사회 식구들, 딤프 식구들, 존경하는 창업 멘토 고시연 회장님, 진대순 위원님, 이선호 선배님, GGL리더십그룹의 정인호 선배님께도 감사의 말씀을 전합니다.

아시아 최고 의술을 자랑하는 W병원의 우상현 병원장님, 노홍진 이사님, 우리나라 최고의 성형외과인 브이성형외과의 최원석 원장님, HOUSE OF V의 안민아 이사님, 브이라이프의 지승우 원장님, 경주의 자랑 단석가 찰보리빵의 서영석 대표님, 호텔수성의 김재석 회장님, 갱년기를 잘 보는 이홍주 여성의원 식구들, 밝은눈안과 정지원 원장님과 최은지 대리님, 행정안전부의 김나영 사무관님, 고소하게 팀의 김동성, 최정인 변호사님, 옵티마성형외과와 채그로의 이안나 대표님, 선일회계법인의 현정환 회계사님, 정인순 실장님, YBM 어학원의 이창식 이사님, 생각을 현실로 만드는 사람들인 크리에이티브 조이의 최서진 대표님, 경북대학교 이장우 교수님께도 감사드립니다.

매일 아침, 가슴 뛰는 작업을 함께 하는 빅아이디어연구소 식구들인 임지은, 박근표, 장정환, 김혜인, 김동운에게도 감사의 말을 전합니다. 초창기 멤버인 김주현 수석디자이너, 장사무엘, 이지혜 디자이너 덕분에 빅아이디어가 여기까지 올 수 있었습니다.

끝으로 밤을 깎고, 미싱을 밟으며, 식당에서 번 전 재산 2,000만 원으로 아들 유학을 보내주신 어머니에게 이 책을 바칩니다.

이제 코로나 시대를 견디기 위한 문장으로 이 책을 마칠까 합니다.

'태풍이 불면 어떤 이는 담을 쌓고 어떤 이는 풍차를 단다'

이 문장으로 우리 살아냅시다.

우리 버텨봅시다.

북큐레이션 • 원하는 곳에서 꿈꾸고, 가슴 뛰는 삶을 살고픈 이들을 위한 책

《어떻게 광고해야 팔리나요》와 함께 읽으면 좋은 책. 남보다 한 발 앞서 꾸준함을 가지고 미래를 준비하는 사람이 주인공이 됩니다.

광고인의 생각 훔치기

김종섭 지음 | 15,000원

국제 광고에서 수차례 상을 휩쓴 광고인이 알려주는
메시지 전달력을 최대로 높이는 광고 전략!

세상에 아이디어가 필요하지 않은 사람은 없다. 우리는 모두 브랜드의 주인이기 때문이다. 사업자등록증이 없어도 '나'라는 브랜드를 끊임없이 세상에 팔아야 한다. 사업자등록증이 있다면 폐업하는 순간까지 회사 브랜드를 팔아야 한다. 이미지가 전부인 시대다. 대세를 따라 페이스북도 해보고 인스타그램에도 뛰어들지만 생각만큼 쉽지 않다. 그저 그런 아이디어는 상대에게도 있다. 기존의 아이디어 수준을 뛰어넘는 '빅 아이디어'가 필요하다. 이 책이 당신에게 슈퍼 빅 아이디어를 가져다줄 것이다.

보이지 않는 것을 보는 힘

정광남 지음 | 13,800원

"다른 눈으로 보아야 달라진다. 세상도 그렇다"
새로운 발상으로 새로운 일상을 디자인하라!

이 책은 사소한 일상과 뻔해 보이는 세상에서 번뜩이는 통찰과 아이디어를 끄집어내는 법을 소개한다. 카피라이터로 오랫동안 일해온 저자는 107개의 길고 짧은 글에서 '1% 다르게 보는 힘'을 보여준다. 평범한 시선과 빛나는 통찰은 어떻게 다를까? 또 매끄러운 낱말과 생각 근육이 쌓인 낱말에는 어떤 차이가 있을까? 광고인 특유의 재기발랄한 발상과 반전의 묘미가 실린 글이 독자들을 웃음의 담장을 넘어 생각의 숲으로 안내한다. 카피라이터의 머릿속을 훔쳐보고, 경험과 사고의 틀을 깨고 싶은 이들에게 일독을 권한다.

라이프스타일로 마케팅하다

이상구 지음 | 15,000원

언제까지 물건만 팔 것인가?
라이프스타일을 판매할 때 고객이 열광한다!

남들과 차별화된 일상은 다른 사람들에게 자랑하고 싶은 이색적인 트렌드로 작용한다. 그렇기 때문에 라이프스타일 기획과 마케팅은 경험을 중요하게 여기는 요즘 시대 소비자들의 마음을 끌어당긴다. 그렇기 때문에 소비자들이 열광하는 브랜드는 라이프스타일을 주도한다. 저자는 라이프스타일 기획이 어떻게 고객을 팬으로 만들 수 있는지 그리고 다가오는 미래에 어떤 라이프스타일이 가치 있는지 알려준다. 이 책을 통해 급변하는 시대 속에서 평생 고객을 만드는 '성공하는 라이프스타일'을 찾아보자!

내 가게를 살리는 30분의 기적

이혁 지음 | 15,000원

"잘되는 가게와 안 되는 가게의 차이는 무엇일까?"
하루 30분 투자에 승부를 걸어라!

이 책은 하루 단 30분 투자로 매출을 10배 올리는 비결, 대박 가게의 사장이 되는 노하우를 알려준다. 최신 검색어 트렌드를 이용해 전략적으로 SNS에 홍보하는 법부터 인스타그램에 사진이 올라가게 유도하는 법, SNS를 활용해 의도적인 입소문을 내는 방법까지 고루 담아 소개했다. 카카오톡채널로 고객과 소통하는 법과 페이스북, 인스타그램 계정을 만들어 홍보하는 성공 비법도 실었다. 당신의 스마트폰 사용 시간에서 하루 30분만 떼어내 홍보 활동에 쓰자. 어제와는 다른 오늘, 오늘과는 다른 내일의 매출 실적을 만나게 될 것이다.